知识产权
应用策略

ZHISHI CHANQUAN

赵国苓 著

YINGYONG

CELÜE

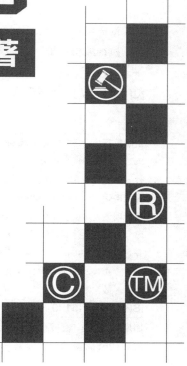

知识产权出版社

全国百佳图书出版单位

—北京—

图书在版编目（CIP）数据

知识产权应用策略 / 赵国苓著 . —北京：知识产权出版社，2023.1
ISBN 978-7-5130-8452-9

Ⅰ.①知… Ⅱ.①赵… Ⅲ.①知识产权—研究—中国 Ⅳ.① D923.404

中国版本图书馆 CIP 数据核字（2022）第 212817 号

内容提要

本书结合笔者基层实践工作经验，总结我国及部分发达国家知识产权法律、制度、战略实施等演变、推进的过程，提出知识产权应用策略及指导思想，进而阐释企业如何加强知识产权管理建设、提升知识产权保护水平，以增强企业核心竞争力。

本书适用于企业负责人、知识产权服务机构工作人员、知识产权行政管理人员等，还可供大专院校、科研院所和知识产权服务机构作为培训学习用书。

责任编辑：龚　卫　　　　　　　责任印制：刘译文
执行编辑：吴　烁　　　　　　　封面设计：北京乾达文化艺术有限公司

知识产权应用策略

赵国苓　著

出版发行：知识产权出版社 有限责任公司	网　　址：http://www.ipph.cn
			http://www.laichushu.com
电　　话：010-82004826			
社　　址：北京市海淀区气象路 50 号院	邮　　编：100081
责编电话：010-82000860 转 8120	责编邮箱：laichushu@cnipr.com
发行电话：010-82000860 转 8101	发行传真：010-82000893
印　　刷：天津嘉恒印务有限公司	经　　销：新华书店、各大网上书店及相关专业书店
开　　本：880mm×1230mm　1/32	印　　张：8.75
版　　次：2023 年 1 月第 1 版	印　　次：2023 年 1 月第 1 次印刷
字　　数：200 千字	定　　价：68.00 元

ISBN 978-7-5130-8452-9

企业想要取得效益
就要做实知识产权

做企业就是两件事，一是新设企业，二是经营企业。

新设企业的项目，如果没有专利、软件著作权或集成电路布图设计，就可能缺乏科技含量，进而很难取得好的效益；如果不对项目的专利、软件著作权、集成电路布图设计进行分析评议，就可能上当受损。所以新设企业要做实知识产权。

在新时代经营企业，首先要走创新发展之路，让科研成果转化成专利或商业秘密，成为企业核心竞争力。其次要把商标上升为商标品牌，提升企业诚信度、认可度、美誉度，使产品实现溢价效应。数字产业化、产业数字化，让智能制造、工业互联网、大数据应用于工业生产；企业在数字化改造、升级的实施过程中，研发创造的专利、商业秘密、软件著作权、集成电路布图设计等能够提高企业生产效率，提升企业产品质量，降低企业生产成本，增强企业营利能力。可以看出，经营企业要想取得好的效益，也必须做实知识产权。

知识产权武器重在使用

　　知识产权制度是保护智慧创新成果在国际通行的制度，是涉及政治、经济、文化、科技、贸易、人才、安全等领域综合性强的一门学问；是国家的重要战略性资源，更是企业间进行激烈竞争的锐利武器。我国的华为、格力、大疆、腾讯等公司，国外的高通、苹果、三星等公司，都拿起知识产权武器，通过知识产权起诉或应诉，开展企业间较量和竞争，从而让企业越来越强大、越来越耀眼。企业既要锻造无坚不摧的知识产权武器，又要成为运用娴熟、战无不胜知识产权操盘高手，进而奠定企业技压群雄、财达三江、誉满全球的宏图伟业。知识产权重在应用，方显神通。

前　言

　　就目前情况来看，知识产权专业人员著书较多，知识产权行政管理人员著书较少，作为基层知识产权行政管理部门主要负责同志则著书更少。我于 2016 年担任东营市知识产权局局长、党组书记（因 2018 年国家机构改革改为主任）。自上任六年来，我非常热爱、非常痴迷这项工作。工作中我学习研究了大量知识产权资料，结合上级政策规定与当地实际情况，创造性开展工作，取得了显著的成绩，被东营市委、市政府表彰为"攻坚克难好干部"。三十多年的工作经历，痴迷的工作热情，攻坚克难的责任心，善于思考、勤于总结的工作习惯，让我对知识产权工作有了更深的体悟，提出了知识产权应用策略方面的很多新认识、新观点、新方法，工作之余形成文字，全部体现在本书之中，愿和大家一起分享。

　　本书既适用于政府领导、企业负责人、知识产权行政管理人员、知识产权企业管理人员、知识产权服务机构工作人员，还可成为大专院校、科研院所和知识产权服务机构培训学习用书。

本书在写作过程中采纳了知识产权行政管理一级主管王冠，企业知识产权总监、专利代理师邹明琛，知识产权认证审查员、标良评价专家、专利代理师曾万容等同志的意见建议；邀请了尹航、段迎林、赵赟等同志阅稿、修改，在此深表感谢！

Contents
目
录

知识产权应用策略实施
支撑体系发展概览

忘记历史意味着背叛；不忘来时路、奋进新征程。中国知识产权制度是学习世界知识产权制度并伴随着改革开放形势需要逐步建立起来的；和中国经济的发展一样，中国的知识产权事业也实现了突飞猛进的发展，同时推动着中国经济社会的进步。随着中华民族的伟大复兴、我国进入建设社会主义现代化强国第二个百年奋斗目标新征程，我国知识产权事业也正经历着从实施国家知识产权战略到建设知识产权强国战略的转变。建设知识产权强国，更要借鉴世界知识产权制度的最新实践成果，针对我国具体情况，不断创新、不断超越，从而加快推进中华民族伟大复兴的进程，快速提升我国国际竞争力和综合国力，为建设社会主义现代化强国提供坚实的基础支撑。

　　2020 年 11 月 24 日，全国知识产权侵权纠纷检验鉴定技术支撑体系建设试点工作现场会在东营市召开。

我国知识产权法律、政策、战略实施的发展

　　知识产权是一种特殊的财产权利，保护的对象是智力活动的成果。知识产权的创设、范围、行使、保护等均需要以法律规定为前提。法治化是知识产权保护的基础和保障。

　　《中华人民共和国民法典》（以下简称《民法典》）第一百二十三条明确："知识产权是权利人依法就下列客体享有的专有的权利：（一）作品；（二）发明、实用新型、外观设计；（三）商标；（四）地理标志；（五）商业秘密；（六）集成电路布图设计；（七）植物新品种；（八）法律规定的其他客体。"这一条明确了知识产权的概念和类别。

一、中华人民共和国成立后我国知识产权法律、法规建设情况

　　中华人民共和国成立之初，尽管面临国内艰巨繁重的恢复重建任务和国际上的一些封锁，但我国依然通过知识产权立法启动了知识产权保护相关工作。

　　1950 年 7 月 28 日，原政务院制定颁布了《商标注册暂行条例》，以保障一般工商业商标的专用权。1950 年 8 月 11 日，政务院制定颁布了《保障发明权与专利权暂行条例》，以鼓

励国民对生产科学的研究，促进国家经济建设及发展。1953年 4 月 1 日，我国出版第一期《商标·发明公报》，对专利、商标制度进行探索。1963 年，国务院颁布《商标管理条例》，取代《商标注册暂行条例》，这个《商标管理条例》一直沿用到改革开放初期。1963 年，国务院废止了《保障发明权与专利权暂行条例》。

但是，在当时计划经济体制下，知识产权制度适用范围和效果受到很大限制，知识产权制度体系建设基本处于空白。

二、改革开放后我国知识产权法律、法规建设情况

1978 年，党的十一届三中全会作出把党和国家工作重心转移到经济建设上来、实行改革开放的历史性决策，我国知识产权制度伴随着改革开放建立和发展起来，并逐步走上正规化、法治化道路。

1980 年 1 月，国务院批转了原国家科学技术委员会《关于我国建立专利制度的请示报告》，我国开始探索建立专利制度。3 月，国家知识产权局的前身中国专利局成立。6 月，我国加入《建立世界知识产权组织公约》，成为世界知识产权组织成员国。

1982 年，第五届全国人大常委会第二十四次会议审议并通过了《中华人民共和国商标法》（以下简称《商标法》），开创了我国知识产权立法之先河，标志着我国知识产权法治建设步入崭新阶段。当然，作为"舶来品"的知识产权制度，

其最初的发展也绝非一帆风顺，很多矛盾、问题在专利法的制定实施过程中尤为凸显。

实际上，早在 1979 年，专利法起草小组就已经先于中国专利局成立了。然而，专利法起草工作的困难，不只是时间的紧迫和经验的缺失，更有因时代局限而带来的激烈争论。当时有人认为我国技术水平较低，实行专利制度弊多利少，更有甚者认为专利制度与社会主义制度不相容，与国家体制无法适应。就是在这样的争论中，历经五载波折，增删 24 回。1984 年，邓小平同志高瞻远瞩、一锤定音，作出了"专利法以早通过为好"的果断决策，终于为我国专利制度的建立和发展铺平了道路。

1984 年 3 月 12 日，第六届全国人大常委会第四次会议表决通过了《中华人民共和国专利法》（以下简称《专利法》），自 1985 年 4 月 1 日起实施。

1990 年 9 月 7 日，第七届全国人大常委会第十五次会议通过《中华人民共和国著作权法》（以下简称《著作权法》），自 1991 年 6 月 1 日起施行。

这三部知识产权领域重要法律的制定和实施，构建了我国知识产权法律制度的基本框架，成为知识产权事业发展的根基。自此知识产权制度体系建设驶入了"快车道"。

改革开放后，我国相继加入了专利、商标、著作权等领域的多个知识产权国际公约，如《保护工业产权巴黎公约》（以下简称《巴黎公约》）、《商标国际注册马德里协定》（以下简称《马德里协定》）、《专利合作条约》等 20 多个知识产权国际公约，在较短的时间内实现了知识产权制度与国际接轨。

1992 年，我国与其他相关国家（重点是美国）签署了关于保护知识产权的谅解备忘录，为履行其中的承诺，1992 年 9 月 4 日，第七届全国人大常委会第二十七次会议对《专利法》进行第一次修正；1993 年 2 月 22 日，第七届全国人大常委会第三十次会议对《商标法》进行第一次修正。

1993 年 9 月 2 日，第八届全国人大常委会第三次会议审议通过了《中华人民共和国反不正当竞争法》（以下简称《反不正当竞争法》），自 1993 年 12 月 1 日起施行，这部法律对商业秘密保护作出规定。

1997 年 3 月 20 日中华人民共和国国务院令第 213 号公布了《中华人民共和国植物新品种保护条例》（以下简称《植物新品种保护条例》），建立了植物新品种保护体制机制，依法对植物新品种进行保护。

2001 年 3 月 28 日，国务院第 36 次常务会议通过并公布了《集成电路布图设计保护条例》，建立了集成电路布图设计保护体制机制，依法对集成电路布图设计进行保护。

2001 年，我国正式加入世界贸易组织（WTO）。此前，为满足世界贸易组织《与贸易有关的知识产权协定》相关要求，2000 年 8 月 25 日，第九届全国人大常委会第十七次会议对《专利法》进行第二次修正；2001 年 10 月 27 日，第九届全国人大常委会第二十四次会议对《商标法》进行第二次修正，对《著作权法》进行第一次修正，从而建立起统一、透明、符合世界贸易组织规则又适合具体国情的法律体系。

随着社会主义市场经济体制建立，国家知识产权战略贯彻实施，全社会对知识产权的重视程度越来越高，对知识产权法治建设提出更高要求。2008年12月27日，第十一届全国人大常委会第六次会议对《专利法》进行第三次修正；2010年2月26日，第十一届全国人大常委会第十三次会议对《著作权法》进行第二次修正；2013年8月30日，第十二届全国人大常委会第四次会议对《商标法》进行第三次修正。这一次对知识产权相关法律的修改（除《著作权法》第四条以外）是主动进行的，是为了适应市场经济需要、强化政府职责、维护公共利益目标而进行的。

另外，1979年《中华人民共和国刑法》（以下简称《刑法》）对假冒注册商标罪作了规定；1986年《中华人民共和国民法通则》设立"知识产权"专节，明确知识产权属于民事权利的一种，并明确了侵犯知识产权的民事责任；1993年全国人大常委会通过了《关于惩治假冒注册商标犯罪的补充规定》，1997年修订《刑法》时增设"侵犯知识产权罪"专节，完善了侵犯知识产权的刑事责任。

三、党的十八大以后我国知识产权法律、法规建设情况

党的十八大以来，党中央、国务院把知识产权保护工作摆在更加突出的位置，部署一系列改革，出台一系列重大政策、行动、规划。习近平总书记对加强知识产权保护工作作出一系列重要指示，强调"产权保护特别是知识产权保护是

塑造良好营商环境的重要方面""要完善知识产权保护相关法律法规""要加大知识产权侵权违法行为惩治力度，让侵权者付出沉重代价"等。

为贯彻落实习近平总书记指示精神，加大知识产权侵权违法行为打击力度，落实知识产权惩罚性赔偿原则，我国又进行了新一轮知识产权法律修改。2019年4月23日，第十三届全国人大常委会第十次会议对《商标法》进行第四次修正；2020年10月17日，第十三届全国人大常委会第二十二次会议对《专利法》进行第四次修正；2020年11月11日，第十三届全国人大常委会第二十三次会议对《著作权法》进行第三次修正。

这次修改后的《商标法》，法定赔偿额由原来的300万元提升到500万元；修改后的《专利法》，法定赔偿额由原来的1万元以上100万元以下提升到3万元以上500万元以下；修改后的《著作权法》，法定赔偿额由原来的50万元提升到500万元。

2020年5月28日，十三届全国人大三次会议审议通过《民法典》，这是中华人民共和国历史上首部以"法典"命名的法律，被誉为我国"社会生活的百科全书"。《民法典》是私权和私行为规则的总纲目，关系每个人的衣食住行、生老病死，是民事权利总章程。知识产权属于民事权利，知识产权在《民法典》中分布在总则及各编的第一百二十三条、第四百四十条、第四百四十四条、第五百零一条、第六百条、第八百四十三条至第八百八十七条、第一千零六十二条、第一千一百八十五条等条文中，共计52条涉及知识产权条款，约占条文总量的 4%。这些规定对我国知识产权法律制度具有基础、系统和全局性的决定性作用。《民法典》通过总则和分编确认了知识产权的保护对象、私权性质、归属主体、行使规则和责任制度，把民法的宗旨、精神、指导思想、法律原则等系统地投射和贯穿到知识产权法律的每项制度和规则之中，成为知识产权法律的指引。

四、我国知识产权政策体系和体制机制建设情况

我国知识产权政策体系和机构设置也不断完善。

1980 年 3 月，中国专利局成立，隶属原国家科学技术委员会管理。

1998 年 3 月，中国专利局正式更名为国家知识产权局，并成为国务院直属机构。这是我国政府为加强知识产权保护所采取的重大举措，标志着我国知识产权事业进入一个新的发展阶段。

2008 年 6 月 5 日，国务院发布《国家知识产权战略纲要》，将知识产权上升为国家战略。

2015 年 3 月 13 日，《中共中央　国务院关于深化体制机制改革　加快实施创新驱动发展战略的若干意见》印发，指出要让知识产权制度成为激励创新的基本保障。

2015 年 12 月 18 日，《国务院关于新形势下加快知识产权强国建设的若干意见》印发，明确要深入实施国家知识产权战略，深化知识产权重点领域改革，实行更加严格的知识

产权保护，建设知识产权强国。

2016 年 11 月 4 日，《中共中央　国务院关于完善产权保护制度　依法保护产权的意见》印发，指明"加大知识产权侵权行为惩治力度，提高知识产权侵权法定赔偿上限，探索建立对专利权、著作权等知识产权惩罚性赔偿制度"，加大对知识产权保护力度。同年 12 月 30 日，国务院印发《"十三五"国家知识产权保护和运用规划》，明确了"十三五"时期知识产权工作的发展目标和主要任务，对全国知识产权工作进行了全面部署，这是知识产权规划首次列入国家重点专项规划。

2018 年 3 月 21 日，中共中央印发《深化党和国家机构改革方案》，将国家知识产权局职责、国家工商行政管理总局的商标管理职责、国家质量监督检验检疫总局的原产地理标志管理职责整合，重新组建国家知识产权局，由国家市场监督管理总局管理。这次机构改革，让知识产权的职能整合迈出了坚实的步伐。

2019 年 11 月 26 日，中共中央办公厅、国务院办公厅印发《关于强化知识产权保护的意见》，要求各级党委政府要落实知识产权保护属地责任，定期召开专题会议研究知识产权保护工作，并纳入地方党委政府绩效考核等。同年，国家、省级、市级知识产权机构改革任务顺利完成，实现商标、专利、地理标志、集成电路布图设计的集中统一管理。

2020 年 11 月 30 日，十九届中央政治局举行第二十五次集体学习，专题学习加强知识产权保护工作，北京大学法学院教授、北京大学国际知识产权研究中心主任易继明就这个问题进行讲解，提出工作建议。中央政治局同志认真听取了讲解，并进行讨论。习近平总书记主持学习时发表了讲话，并在 2021 年第 3 期《求是》杂志发表了《全面加强知识产权保护工作　激发创新活力　推动构建新发展格局》署名文章，用"五个关系"深刻阐明了加强知识产权保护的重大意义，用"两个转变"科学界定我国知识产权保护所处的历史方位，从加强顶层设计、提高法治化水平、强化全链条保护、深化体制机制改革、统筹推进国际合作和竞争、维护知识产权领域国家安全六个方面对全面加强知识产权保护工作作出重要部署。这篇文章，阐述了知识产权保护工作一系列方向性、原则性、根本性问题，具有很强的思想性、针对性、指导性，为全面加强知识产权保护工作提供了根本遵循。

2021 年 3 月 11 日，十三届全国人大四次会议通过《中华人民共和国国民经济和社会发展第十四个五年规划和二〇三五年远景目标纲要》，明确"十四五"时期经济社会发展主要指标共 20 个，其中"每万人口高价值发明专利拥有量（件）"是 20 个主要指标之一、也是"创新驱动"3 个标志性指标之一。这是第一次将专利指标列入全国经济社会发展主要指标，知识产权工作的重要作用逐渐得到凸显。

2021 年 9 月 22 日，中共中央、国务院印发了《知识产权强国建设纲要（2021—2035 年）》，这是以习近平同志为核心的党中央面向知识产权事业未来十五年发展作出的重大顶层设计，是新时代建设知识产权强国的宏伟蓝图，是第一次以中共中央、国务院两家名义共同印发知识产权方面文件，在我国知识产权事业发展史上具有重大里程碑意义。

《知识产权强国建设纲要（2021—2035年）》明确了知识产权强国建设的指导思想；明确了"法治保障、严格保护，改革驱动、质量引领，聚焦重点、统筹协调，科学治理、合作共赢"四项工作原则；明确了"到2025年，知识产权强国建设取得明显成效，知识产权保护更加严格，社会满意度达到并保持较高水平，知识产权市场价值进一步凸显，品牌竞争力大幅提升"，"到2035年，我国知识产权综合竞争力跻身世界前列，中国特色、世界水平的知识产权强国基本建成"的发展目标。

《知识产权强国建设纲要（2021—2035年）》明确了知识产权强国建设方面六大重点任务是："建设面向社会主义现代化的知识产权制度；建设支撑国际一流营商环境的知识产权保护体系；建设激励创新发展的知识产权市场运行机制；建设便民利民的知识产权公共服务体系；建设促进知识产权高质量发展的人文社会环境；深度参与全球知识产权治理"。

《知识产权强国建设纲要（2021—2035年）》提出"全面加强党对知识产权强国建设工作的领导"，"完善中央和地方财政投入保障制度，加大对本纲要实施工作支持"，"地方各级政府要加大督查考核工作力度，将知识产权强国建设工作纳入督查考核范围"，提出了一系列保障落实措施。

2021年10月9日，国务院印发《"十四五"国家知识产权保护和运用规划》，明确了"十四五"时期开展知识产权工作的指导思想、基本原则、主要目标、重点任务和保障措施，对未来五年的知识产权工作进行了全面部署，是落实《知识产权强国建设纲要（2021—2035年）》的细化措施和五年要完成的目标任务。

《"十四五"国家知识产权保护和运用规划》重点部署了五个方面的重要工作：一是全面加强知识产权保护，激发全社会创新活力，完善知识产权法律政策体系，加强知识产权司法保护、行政保护、协同保护和源头保护；二是提高知识产权转移转化成效，支撑实体经济创新发展，完善知识产权转移转化体制机制，提升知识产权转移转化效益；三是构建便民利民知识产权服务体系，促进创新成果更好惠及人民，提高知识产权公共服务能力，促进知识产权服务业健康发展；四是推进知识产权国际合作，服务开放型经济发展，主动参与知识产权全球治理，提升知识产权国际合作水平，加强知识产权保护国际合作；五是推进知识产权人才和文化建设，夯实事业发展基础。

《知识产权强国建设纲要（2021—2035年）》提出建设知识产权八大工程，《"十四五"国家知识产权保护和运用规划》提出建设知识产权十五大工程，其中有四大工程是重复提出。汇总后，共有十九大工程需要建设，分别是：①实施一流专利商标审查机构建设工程；②实施高水平知识产权审判机构建设工程；③实施知识产权保护体系建设工程；④实施地理标志保护工程；⑤深化实施中小企业知识产权战略推进工程；⑥实施地理标志农产品保护工程；⑦实施知识产权运营体系建设工程；⑧实施知识产权公共服务智能化建设工程；⑨商业秘密保护工程；⑩数据知识产权保护工程；⑪知识产权保护机构建设工程；⑫植物新品种保护体系建设工程；⑬专利导航工程；⑭商标品牌建设工程；⑮版权创新发展工程；⑯ 知识产权助力乡村振兴工程；⑰ "一带一路" 知识产权合作工程；⑱ 对外贸易知识产权保护工程；⑲ 知识产权普及教育工程。

抓好以上十九大工程的建设实施，是贯彻《知识产权强国建设纲要（2021—2035年）》和《"十四五"国家知识产权保护和运用规划》主要内容和重要措施，将是一段时期我国知识产权工作的重点和主线。

五、我国知识产权战略实施情况

2008年6月5日，国务院发布《国家知识产权战略纲要》，正式将知识产权上升为国家战略。同年10月9日，国务院批复同意建立国家知识产权战略实施工作部际联席会议制度，在国务院领导下，统筹协调国家知识产权战略实施工作，联席会议办公室设在国家知识产权局。

《国家知识产权战略纲要》明确了五项战略重点：一是完善知识产权制度，二是促进知识产权创造和运用，三是加强知识产权保护，四是防止知识产权滥用，五是培育知识产权文化。部署了二十四项专项任务，其中涉及专利五项；涉及商标四项；涉及著作权四项；涉及商业秘密一项；涉及植物新品种二项；涉及特定领域知识产权五项，分别是地理标志一项、遗传资源一项、传统知识一项、民间文艺一项、集成电路布图设计一项；涉及国防知识产权三项。制定战略措施八项：一是提升知识产权创造能力，二是鼓励知识产权转化运用，三是加快知识产权法治建设，四是提高知识产权执法水平，五是加强知识产权行政管理，六是发展知识产权中介服务，七是加强知识产权人才队伍建设，八是推进知识产权人才队伍建设。

可以看出，国家提出了知识产权战略要求，部署了全面的知识产权战略任务，明确了清晰的知识产权战略措施，实现了从战略高度对知识产权事业的重视和支持，强有力地推动了知识产权事业快速发展。

2021年9月22日，中共中央、国务院印发《知识产权强国建设纲要（2021—2035年）》提出了"实施知识产权强国战略"，又把知识产权战略上升到知识产权强国战略的高度进行安排和部署，提出新的要求，部署了八大工程，明确"到2035年，我国知识产权综合竞争力跻身世界前列，知识产权制度系统完备，知识产权促进创新创业蓬勃发展，全社会知识产权文化自觉基本形成，全方位、多层次参与知识产权全球治理的国际合作格局基本形成，中国特色、世界水平的知识产权强国基本建成"。

可以看出，实施知识产权强国战略，已经变成党和政府共同的意志；目标更明确，任务更具体，措施更有力；将依靠建设知识产权强国，推动建设科技强国、质量强国、经济强国。

进入新时代，党和国家对知识产权工作已经达到空前的重视程度，部署了建设实施十九大工程的繁重任务，也寄予了建设知识产权强国的殷切期望，应该说知识产权事业发展的春天已经到来。广大知识产权人，要抓住大力实施知识产权强国战略的大好机遇，总结、推广知识产权应用策略；要不辱使命、踔厉奋发、开拓创新、攻坚克难，为建设知识产权强国作出自己的贡献，为提升国家核心竞争力、提升我国在国际竞争中的格局和地位不懈奋斗。

世界知识产权法律、制度、联盟、公约、战略实施的概览

　　古为今用、洋为中用、他为我用。学习世界知识产权发展史，学习发达国家实施知识产权战略的成功经验，对做好我国知识产权工作，建设知识产权强国，推动实现中华民族伟大复兴，具有非常重大的现实意义。

一、国际知识产权发展脉络

　　在前资本主义时期，由于科学技术的传播和交流有限，知识产权往往被当成私人琐事，很少以国家名义直接进行调控。直到后来商品经济和科学技术不断发展，知识产权成为一种私人享有的无形财产权，才得以为资本主义国家普遍认可和严格保护，并逐渐形成一种独立而严密的法律制度。❶

　　国际上一般把知识产权分为工业产权和版权两部分。工业产权主要包括发明、实用新型、外观设计专利和商标、服务标志、厂商名称、产地标记或原产地名称等专用权。版权主要包括文学、艺术、科学作品的作者对其作品享有的人身权和财产权的专有权利。人身权包括发表权、署名权、修改

---

❶　企红网. 世界知识产权的历史与发展［EB/OL］.（2020-01-09）［2022-04-02］. http://www.tmhong.com/main/article/10949.

权、保护作品完整权；财产权包括复制权、发行权、出租权、展览权、表演权、放映权、广播权、信息网络传播权、摄制权、改编权、翻译权、汇编权等。❶

1. 国际知识产权制度发展的四个阶段

一是萌芽阶段（13世纪至14世纪）。这一阶段出现了由封建王室赐予工匠或商人的类似于专利的垄断特权，为后来知识产权制度的形成打下了基础。

二是初创和普遍建立阶段（15世纪至19世纪末）。在这个阶段，世界上第一部专利法、版权法和商标法相继诞生。19世纪末绝大多数西方资本主义国家都建立了自己的知识产权制度（主要指专利制度、版权制度、商标制度）。

三是进一步发展阶段（19世纪末至20世纪末）。这个阶段主要表现在纵向和横向两个方面。纵向发展，即西方资本主义国家的知识产权制度通过不断修订，变得更加完善、科学，并随着国际知识产权制度的建立，呈现出从"各自为政""各行其是"到逐步国际化、现代化特点。在此背景下，各国又签订了数量更多的知识产权国际条约，使得知识产权保护对象逐步增多，知识产权的种类也有所增加。到1970年《成立世界知识产权组织公约》生效时，各国知识产权制度已经登上一个新的台阶。横向发展，即知识产权法律制度在资本主义国家外的更多国家得到建立与实施。20世纪后期，社会主义国家开始重视知识产权保护制度，如苏联和东欧国家

---

❶ 企红网. 世界知识产权组织公约[EB/OL].（2020-02-03）[2022-04-02]. http://www.trnhong.com/rnain/article/11735.

也都制定了专利法、商标法、版权法等。第二次世界大战结束后已经取得独立的发展中国家为了发展民族经济也都实行了专利等知识产权制度，如我国于 20 世纪 80 年代，制定出台了《商标法》《专利法》。

四是知识产权制度与贸易挂钩的阶段（20 世纪末至今）。随着科技发展，国际贸易中商品知识、技术含量增加，各国尤其是发达国家为了取得和保持市场优势地位，开始重视国际贸易中的知识产权保护问题。重点是以美国为首的发达国家极力推动制定的《与贸易有关的知识产权协定》诞生，它提出了世界贸易组织成员必须达到的最低知识产权保护要求，这在相当大的程度上使得原来差异较大的各国知识产权制度统一到了同一个最低保护标准上，它对今后世界知识产权制度及各国经济贸易关系的进一步发展产生了极其深刻的影响。

2. 国际知识产权法律制度的产生

知识产权的发展与社会科技的进步是密切相连的。欧洲是工业革命的发源地，也是知识产权制度的发源地，其知识产权制度建立最早。其中，专利法最先问世，1623 年《英国垄断法规》，是近代专利保护制度的起点。继英国之后，美国于 1790 年、法国于 1791 年、荷兰于 1817 年，德国于 1877 年、日本于 1885 年先后颁布了本国的专利法。

虽然 1618 年英国首先处理了商标侵权纠纷，但最早的商标成文法应当被认为是 1809 年《法国备案商标保护法令》。1875 年法国又颁布了确立全面注册商标保护制度的商标权法。以后，英国于 1862 年、美国于 1870 年、德国于 1874 年先后颁布了注册商标法。

世界上第一部成文的版权法当推英国于 1709 年颁布的《为鼓励知识创作而授予作者及购买者就其已印刷成册的图书在一定时期内之权利的法》，被称为《安娜女王法》。法国在 18 世纪末颁布了《表演权法》和《作者权法》，从与出版印刷更为密切相连的专有权保护逐步成为对作者专有权的保护。以后的大陆法系国家，也都沿用法国作者权法的概念和思路。

反不正当竞争的概念来源于 19 世纪 50 年代的法国，而世界上第一部反不正当竞争法是 1890 年《美国谢尔曼法》，其立法包括反垄断和反不正当竞争两个方面，除大量判例外，还有《联邦贸易委员会法》《克莱顿法》《鲁滨孙—帕特曼法》。

知识产权制度的建立，极大地调动了人们进行创新的积极性，促进了重大发明的产业化和广泛应用，为人类科学技术的不断发展和进步提供了一种制度上的保障。

3. 国际知识产权联盟、公约、组织的产生

随着各国知识产权保护制度建立，知识产权国际化的脚步也开始迈进。为了克服知识产权地域性与知识、技术国际性需求之间的矛盾，欧洲各主要国家寻求建立知识产权国际保护体系，先后签订了一系列保护知识产权的国际公约。

最早的也是最重要国际公约之一是 1883 年 3 月签署的《巴黎公约》，最初有 11 个国家在该公约上签字。现在，该公约缔约方有 170 多个国家。《巴黎公约》是工业产权国际保护体系的基本公约，其他工业产权专门协定为该体系的辅助条约。

另一个最重要的国际公约是 1886 年签署的《保护文学艺

术作品伯尔尼公约》（以下简称《伯尔尼公约》），该公约开创著作权国际保护公约之先河，确立了一个基本的著作权法律架构，强调作者对其创作作品享有精神权利和物质权利，对其后的著作权立法产生了重大影响。

之后，又达成若干协调各国知识产权保护的国际文件，它们在一定程度上是对《巴黎公约》和《伯尔尼公约》的补充完善，并与之共同构成世界知识产权组织框架下知识产权国际保护制度的法律渊源。其中，在工业产权领域共有15个国际公约，主要有《巴黎公约》、《马德里协定》（1891年签署）、《工业品外观设计国际注册海牙协定》（1925年签署）、《专利合作条约》（1970年签署）等。在著作权领域共有10个公约，主要有《伯尔尼公约》《世界版权公约》（1952年签署）、《保护表演者、音像制品制作者和广播组织罗马公约》（1961年签署）、《保护录音制品制作者防止未经许可复制其录间制品公约》（1971年签署）等。

签署《巴黎公约》时，成立了巴黎联盟；签署《伯尔尼公约》时，成立了伯尔尼联盟；这两个联盟都设立了国际局处理日常工作。由于两个联盟都是保护人们的创造性劳动成果，而且保护的形式又极其相似，因此1893年两个联盟国际局合并成一个世界知识产权国际局，称为国际联合事务局，负责统一管理两个联盟及其所属各种协定的日常事务工作。1962年，为在更大范围内保护知识产权，这两个联盟开始将活动范围扩大到成员方以外，并于1967年由国际联合事务局提出建立世界知识产权组织的建议。根据这一建议，于同年7月14日由51个国家在斯德哥尔摩签署了《建立世界知识产权组织公约》，并确定将国际联合事务局移交给世界知识产权组织作为国际局，两个联盟成为世界知识产权组织的所属机构，国际联合事务局变为办事机构，负责管理各种条约和协定，同时开展更广泛的工作，对成员方和非成员方提供建立和健全工业产权制度的法律和技术援助。《建立世界知识产权组织公约》于 1970 年 4 月 26 日生效，世界知识产权组织（WIPO）正式成为一个政府间组织。1974 年 12 月 17 日世界知识产权组织又成为联合国 15 个机构中的第十四个机构，总部设在日内瓦。❶

4. 签署《与贸易有关的知识产权协定》

20 世纪末期以来，知识产权国际保护与世界贸易问题之间的关系日益密切，一方面知识产权已经成为一种单纯的国际贸易对象，另一方面货物贸易、服务贸易也已经与知识产权密不可分。在这种情况下，原有的知识产权国际保护制度的局限性越来越凸显。例如，《巴黎公约》等国际公约规定的知识产权保护最低要求的起点较低；不同国家对知识产权的保护范围、保护水平、保护期限、保护措施和程序及权利限制等的规定存在很大差别；世界知识产权组织框架下的知识产权国际保护制度"未能提出相应的确保履行规定义务的措施和解决有关争端或纠纷的有效途径，因此并不能解决知识产权保护的实质问题，从而在一定程度上，削弱了由世界知识产权组织领导的国际知识产权保护体制的效力"。❷

❶　企红网. 世界知识产权的历史与发展［EB/OL］.（2020-01-09）［2022-04-03］. http://www.tmhong.com/main/artide/10949.

❷　吴汉东. 科学发展与知识产权战略实施［M］. 北京：北京大学出版社，2012：110.

因此，以美国为代表的发达国家为了保护国际贸易中自己的知识产权，极力主张把贸易与知识产权保护挂钩。他们认为，在《关税及贸易总协定》内建立一套知识产权保护体系，就可以减少因知识产权保护不力而给国际贸易带来的障碍，并增强其在多边基础上对侵犯知识产权行为的报复能力，以弥补现行世界知识产权组织框架下的知识产权国际保护制度的不足。

美国将知识产权和贸易挂钩最早始于 1970 年，因发展中国家抵制无果而终；1984 年美国政府第一次官方地将知识产权和贸易联系起来了；之后，美国知识产权委员会开展了跨国动员活动。通过一系列谈判与磋商，最终取得了欧洲和日本的支持，并于 1988 年 6 月发布了《关税及贸易总协定》，该文件覆盖了保护的最低标准、执行和争端解决规定，成为最终的《与贸易有关的知识产权协定》的基础。

世界贸易组织（WTO）的知识产权谈判不是一帆风顺的，它面临着发展中国家的强烈反对。1994 年 4 月，作为乌拉圭回合谈判法案的一部分，签署了《与贸易有关的知识产权协定》，至此，知识产权的国际保护与贸易正式关联起来。

《与贸易有关的知识产权协定》标志着一个加强知识产权国际保护新纪元的开始。有两个显著特征：一是以国际贸易体制为框架，推行高水平知识产权保护；二是以执行机制与争端解决机制为后盾，推行高效率的知识产权保护。❶

可以看出，从第一次科技革命以来的世界科技经济发展

---

❶　吴汉东. 科学发展与知识产权战略实施［M］. 北京：北京大学出版社，2012：110.

史，世界强国无不是知识产权强国、科技强国。以蒸汽动力技术等为颠覆性发明的第一次科技革命助力人类社会迈入"机器时代"，催生了现代意义上的工厂、商店等生产和消费方式的出现。第一次科技革命在英国的发生、发展，与以排他性独占权利为基础的现代专利法等知识产权制度的建立存在密切关联。

起源于德国的第二次科技革命，以电器代替机器，人类社会走进"电气时代"，科技创新活动开始突破国家界限。欧美科技强国为了保障其创新成果的跨国应用，力推以国民待遇、优先权等原则为基础的《巴黎公约》《伯尔尼公约》等知识产权国际公约的问世。

以电子计算机等为颠覆性发明的第三次科技革命使人类社会进入"信息时代"，极大地促进了全球化进程，知识产权与国际经济技术贸易联系空前紧密。与此同时，《与贸易有关的知识产权协定》和《专利合作条约》（PCT）等发达国家推动的全球化国际条约先后登台亮相。❶

二、发达国家知识产权战略实施情况

发达国家普遍将实施知识产权战略作为提高国家核心竞争力的根本。

---

❶ 单晓光. 把握科技革命机遇　建设知识产权强国［N］. 中国知识产权报，2022-01-12（3）.

1. 美国——科技领先型国家

美国是当今世界经济、科技、军事等最发达的国家，知识产权战略是美国最为重要的长期发展战略之一。

20 世纪 70 年代，欧亚发达国家和新兴工业国家（地区）在经济上崛起，使美国产业界感到了巨大的竞争压力，朝野上下对此进行了深刻反思，结论之一就是美国在经济竞争中最大的资源和优势在于科技和人才，而由于知识产权保护不力，外国能够轻易模仿，并凭借劳动力和制造业的廉价成本优势实现了经济快速发展。为此，美国总统卡特在 1979 年推出"要采取独自的政策提高国家竞争力，振奋企业精神"，并第一次将知识产权战略提升到国家战略层面。从此，利用长期积累的科技成果，巩固和加强知识产权优势，以保持美国在全球经济中的霸主地位，成为美国企业与政府的统一战略。❶目前，美国知识产权战略实施主要有以下几个特点。

一是以维持世界领先地位为战略目标。美国如想继续巩固其在全球知识产权领域的地位，必须改进在国内及世界范围内的知识产权政策制定能力和执法保护效力。为此，美国专利商标局制定了"21 世纪国际知识产权战略"，该战略主要涉及美国对版权、商标、专利、执法、贸易、技术转移、植物新品种、域名、外观设计九个方面的战略行动。该战略全面体现了美国全面提升自身在知识产权领域全球竞争力和领导力的总体部署。

---

❶ 杨起全，吕力之. 美国知识产权战略研究及其启示[J]. 中国科技论坛，2004（2）：102–106.

二是以知识产权作为国际贸易的有力武器。美国为了让本国国民的知识产权在本国受到最好的保护，在其他国家或者地区也能受到比较理想的保护，而且还能够最大限度地限制其他国家国民或者地区居民的知识产权在美国给其行业或者产业造成影响，并且受到限制的人还无法指控美国违反知识产权国际规则，美国首先是在其国内法即 1984 年《综合贸易与竞争法案》中设立"特殊 301 条款"（知识产权条款），要求其贸易伙伴对其国民的知识产权提供充分、有效的保护，并以贸易报复相威胁。然后利用 1986 年在乌拉圭举行的《关税与贸易总协定》第八回合谈判，强行要求会议组织者将知识产权议题纳入谈判议程，经过近 8 年的谈判，终于在 1994 年就《与贸易有关的知识产权协定》达成一致，完成了该回合的谈判。依据该协定美国已经二十多次对其贸易伙伴向世界贸易组织知识产权争端解决机构提起知识产权指控，确保其国民的知识产权在其他国家或者地区受到最好的保护。再如美国的"337 调查"，运用知识产权武器打压进入美国市场的其他国家的企业和产品。❶

三是根据国家利益和企业竞争需要，扩大保护范围，加大保护力度。美国对专利法、版权法、商标法等传统知识产权立法不断地进行修改与完善，扩大保护范围，加大保护力度。如将网络营销模式、功能基因、商业方法、版权技术措施等列入知识产权保护范围。值得注意的是，美国知识产权保护范围的扩张基础是建立在本国产业优势之上，而对于

---

❶ 吴汉东. 科学发展与知识产权战略实施［M］. 北京：北京大学出版社，2012：122.

较不发达的地理标志保护、民间文学艺术等，美国则持冷漠态度。

美国涉及知识产权保护的部门较多，为了强化机构协作、有效整合政府资源，加大执法保护力度，首先是设立专门机构，设置美国知识产权执法协调员，可直接向总统汇报工作，负责与联邦机构进行协调，制定政策解决国际知识产权侵权问题，执行知识产权法律，在海外实施保护美国知识产权的战略。其次是强化多部门协作，如 2009 年年底，美国国会批准了 3000 万美元资金以支持知识产权执法协调员开展工作。最后是统一执法策略，2010 年 6 月公布的《知识产权执法联合战略计划》，以战略的形式跨部门、跨地域全面整合了美国知识产权执法资源，彰显了美国力图通过构建一个多层次、一体化的知识产权保护体系加大执法保护的能力和决心。❶

四是国家加强调整知识产权利益关系，鼓励创新成果转化实施。1980 年《拜杜法案》、1986 年《联邦技术转移法》、1998 年《技术转化商业化法》、1999 年《美国发明家保护法令》等，使美国大学、国家实验室在申请专利，加速产、学、研结合及创办高新技术企业方面有了更大的自主权，发挥了更大的主动性。2000 年 10 月，众参两院又通过了《技术转移商业化法案》，进一步简化归属联邦政府的科技成果运用程序。2007 年签署的《美国竞争力法》，重申了推动技术成果产业化对于保持美国经济的重要性。2010 年美国政府出台

---

❶ 贺化. 中国知识产权行政管理理论与实践［M］. 北京：知识产权出版社，2018：30.

"i6 挑战计划"，旨在通过驱动创新与创业及建立强大的公私合作伙伴关系，以促进创新思想进入市场。2015 年签署的《商业太空发射竞争法》，进一步将技术商业化延伸到太空领域等。

五是以企业为主体，政府为主导。美国政府通过不断建构保护本国利益的法律基础，长期积累运用知识产权取得战略优势的经验和能力。例如，美国"337 调查"的保护对象仅限于美国产业，即只有美国产业的知识产权受到进口产品的侵犯时，才能寻求"337 调查"手段，也就是说也只有美国产业才有资格作为申请人。企业是创新的主体，也是实施知识产权战略的主体。在美国，2000 年企业获得的发明专利授权占总量的 75% 以上，2010 年企业发明专利授权量占当年总授权量的 91.9%。就说明了企业是创新主体这一点。

六是重视科技研发、重视知识产权战略研究。作为支持国家知识产权战略实施的基础，美国科技研发活动十分活跃。美国 1993 年科技研发投入为 1174 亿美元，2000 年达到 2642 亿美元❶，研发投入力度越来越大。与此同时，作为国家战略实施的重要组成部分，美国十分重视知识产权战略的研究工作，如美国对《专利记分牌》研究，推动了专利质量的提升和产业化发展。❷

---

❶ 南生今世说. 2018 年研发投入：美国第 1、日本第 3、德国第 4、印度第 6，那中国呢？［EB/OL］.（2019-02-05）［2022-08-01］. http://www.sohu.com/a/293441629_100110525.

❷ 杨起全，吕力之. 美国知识产权战略研究及其启示［J］. 中国科技论坛，2004（2）：102-106.

2. 日本——技术赶超型国家

日本依靠技术创新、知识产权立国等战略，创造了大量尖端科学技术，以此推动经济发展的速度曾令世界惊叹。

日本创新体系建立的开端，可以追溯到 1995 年。这一年日本颁布了《科学技术基本法》，明确将"技术创新立国"作为基本国策，并对"产学官"合作进行了战略布局，从而改变了日本以往偏重引进和效仿国外技术的做法，转而重视基础理论研究和基础技术研发，用具有创造性的科学技术持续推动经济发展。

随着 21 世纪初全球范围内的知识产权环境发生急剧变化，围绕知识产权发生的纠纷不断跨越国界，案例数呈现逐年增加的趋势。为了在知识产权方面占据主动地位，2001 年，日本政府提出了"知识产权立国"战略；从 2002 年 2 月至 2003 年 1 月短短 10 个月时间内，日本政府共召开了 8 次知识产权战略会议；2002 年 7 月，日本出台了《知识产权战略大纲》；同年 11 月，日本国会通过了《知识产权基本法》，将"技术创新立国"的国策修改为"知识产权立国"。❶ 2003 年，日本设置了知识产权战略本部，全体阁员及有识之士参加，强化了顶层组织建设；2004 年以后，每年 5 ～ 6 月制订知识产权推进计划，围绕变化的形势，深化知识产权各项工作，如 2021 年发布的《知识产权推进计划 2021》，就提出了"建立适应数字时代的内容战略"；2005 年设立知识产权高等

---

❶ 熊花平. 日本知识产权引来发展"源头活水"[N]. 中国知识产权报，2020-07-01（4）.

法院，强化知识产权司法保护；2013 年，出台了《知识产权政策愿景》，针对变化的新形势，出现的新情况，强化了有关政策支持等。日本实施"知识产权立国"战略具有以下特点。❶

一是重视知识产权创造、保护和应用相结合。在激励知识产权创造上，日本在企业、大学和科研院所中，建立知识产权本部，并参与开发研究全过程，做好知识产权方面的服务和管理工作；强化一系列激励措施制定，建立知识产权创造的激励机制，促进知识产权创造。在知识产权的保护上，日本加快专利审查，实现了世界上最快的专利审查速度；加强对工业设计的保护；完善商标制度，严厉打击盗版和仿冒；加强商业秘密保护；保护药品试验数据和植物新品种；等等。

在促进知识产权价值的实现上，通过立法大力推进企业的知识产权利用，如要求大型企业无偿许可中小企业使用其休眠专利及周边专利，鼓励中小企业对其进行利用；通过立法明确了大学等科研机构具有将科技成果商品化的义务；通过立法积极促进知识产权流通，大力扶持建设知识产权市场等。

二是政府主导与企业主体相结合。日本政府十分重视对知识产权管理的立法和实施工作。在管理上，日本政府设立了由首相任部长的知识产权战略本部，建立了最高规格的沟通与协调平台，形成了高效统一、分工协作的工作机制，有

---

❶ 丁恒龙，王卫星. 日本知识产权制度的变迁及启示［J］. 科学管理研究，2009，27（6）：76–81.

效推动了知识产权战略和行动计划实施；在立法上实行相关部门分工负责；在司法和执法上，实行法院判决或警察、检察、法院定罪量刑处罚；还设立了知识产权保护中心，负责有关咨询和维权事宜。日本企业具有强烈的知识产权保护意识。20 世纪 60 年代，日本企业尚未形成支撑企业的自主知识产权技术；20 世纪 60 年代后期到 70 年代末，日本企业在引进技术的基础上开发出具有自主知识产权的技术；20 世纪 70 年代中期到 80 年代，美国利用知识产权制裁日本，激发了日本企业强烈的知识产权创造和保护意识；从 20 世纪 80 年代到现在日本企业知识产权战略日臻成熟，并实现了由被诉讼到主动在美国提起诉讼的转变。

三是稳定性与动态性相结合。日本在知识产权制度变迁中，一方面注意保持知识产权制度的稳定性，另一方面又适应形势需要，对知识产权制度及时作出相应的调整，与时俱进，不断发展。例如，日本几乎每 1~2 年就要对《日本专利法》进行修改，《日本著作权法》分别于 1996 年、1999 年、2000 年、2002 年、2003 年、2004 年、2006 年、2009 年、2012 年、2015 年、2018 年和 2020 年进行修改，修改也很频繁。

四是正式制度与非正式制度相结合。日本一方面积极推进关于知识产权法规等正式制度的建设，另一方面从培养公民知识产权意识、培养知识产权人才入手积极加强非正式制度建设，两者交互发力，共同推进知识产权战略实施。

3. 韩国——引进创新型国家

韩国知识产权制度起步较晚，但却成功地运用知识产权战略提升了本国科技水平，促进了经济的快速增长，成为发展中国家学习的典范。

1986 年，处于经济上升期的韩国，经历了一场令全国震惊的知识产权事件。因为半导体芯片相关设计，韩国龙头企业三星公司遭到美国德州仪器公司发起的知识产权侵权起诉。最终，三星公司向德州仪器公司支付了 8500 万美元的损害赔偿。这一事件在韩国引起轩然大波。于是韩国政府及企业意识到知识产权对于参与市场竞争的重要性，不断强化知识产权建设，扩大知识产权保护范围和能力。2008 年爆发的全球金融危机，让包括韩国在内的许多国家经济萧条。为了应对危机，韩国政府更加重视知识产权工作。2009 年 3 月，韩国多部门出台了《知识产权的战略与愿景》；2009 年 7 月，韩国颁布了《知识产权强国实现战略》，推动了韩国向知识产权强国转变的步伐。韩国实施知识产权战略具有以下特点。❶

一是强化法制建设。为了适应《与贸易有关的知识产权协定》要求，强化知识产权制度对技术创新和知识创造的激励作用，提高知识产权制度的行政效率，2001 年韩国修改了七部知识产权法律及其相关制度。2011 年 4 月 29 日，韩国国会全体会议通过《知识产权基本法》，该法规定了成立国家知识产权委员会、制订国家知识产权基本计划等推进知识产权工作、整治知识产权环境的多项措施，是韩国实施知识产权战略的基础和支柱。

二是强化知识产权保护和执法。韩国知识产权局、地方政府、检察院和警方合作，定期召开有关知识产权侵权的联

---

❶ 熊花平. 知识产权筑起民富国强的基石［N］. 中国知识产权报，2020-06-10（4）.

席会议，合作开展全国范围的打击假冒品活动；知识产权局成立假冒品举报中心；不断对专职执法人员进行培训；提高全社会识假辨假能力。

三是发展一流知识产权行政管理。韩国从 1999 年开始实施知识产权行政管理全面创新计划，经过几年努力，韩国知识产权局已具备世界一流的信息技术系统和审查工作效率，全面实现了知识产权行政管理的自动化、网络化，提高了知识产权行政管理的质量和效率。

四是促进专利的应用和商业化。首先，提供法律保障，制定《促进技术转让法》，该法于 2001 年开始实施，以法律的形式保障了韩国技术交易所的设立与运营。其次，建立知识产权市场和网上专利技术市场，积极组织技术展览，有效防止了先进专利技术的闲置；还由专利审查员成立专利技术转移促进部，帮助企业达成合理公平的许可合同。最后，扶持优秀技术和专利产品，通过资金支持，加强专利技术的开发、转让，促进专利新技术的产业化。

五是扩大创造知识产权的社会基础。韩国从两个方面扩大创造知识产权的社会基础。一方面，注意培养学生及全社会的发明意识。韩国先后在 180 个学校建立了发明实验室；确定发明教育示范学校，并给予 1100 万韩元资助；每年举办一次韩国学生发明展览会；确定每年 5 月 20 日作为"发明日"，培养全社会发明意识。另一方面，注重知识产权领域的人力资源开发。韩国在 1987 年成立国际知识产权学院；2003 年，韩国在国际知识产权学院创立国家发明教育中心，为今后大规模培养发明人才做准备。

六是加强国际合作。2012 年，韩国已成为《专利合作条约》的第 11 位申请国和第六位信息检索成员单位，并在《专利合作条约》制度改革和技术合作中发挥重要作用；韩国知识产权局积极为新 PCT 成员国提供教育培训；2003 年 4 月，韩国成为《马德里协定》成员国；韩国还积极参加国际知识产权保护的合作和国际条约的制定和修改；韩国加强对专利审查结果、对公有技术联合检索国际合作；积极参加中日韩三方知识产权峰会，或其他双边合作等。❶

4. 德国——成熟模式样本国家

从创新主体极强的知识产权保护意识，到中介服务机构高水平的知识产权业务能力，再到严谨而周密的知识产权立法行政工作体系，德国知识产权制度自创立至今，不仅在推动本国经济发展和科技进步方面发挥了积极和重要的作用，也成了世界众多国家学习、借鉴的范本，具有以下特点。

一是严密的知识产权行政管理体系。德国拥有系统的知识产权行政管理体系，除德国专利商标局外，相关政府部门还包括司法部，负责德国政府和欧盟层面的知识产权法律和《与贸易有关的知识产权协定》等知识产权法律问题；联邦经济技术部，负责管理国家社会经济领域和国际贸易政策中涉及知识产权的具体事项；联邦教研部，负责高等学校、科研院所等公立科研机构研发创新过程中的知识产权保护和知识技术成果转化应用等方面相关管理政策制定及国家总体创新

---

❶ 韩国的知识产权战略、管理及启示［EB/OL］.（2018-12-19）［2002-04-01］. http://www.docin.com/p-2159799790.html.

环境建设等。

二是制定和调整基于本国需要的知识产权法律。德国善于针对本国强势领域加强知识产权保护，同时不急于对弱势领域给予知识产权保护。例如，德国拥有世界一流的制药工业，于是实施了对药品的专利保护期限在 20 年基础上延长 5 年的规定；考虑到本国软件和商业方法处于弱势，对此则不急于实行专利法律保护；考虑中小企业发展需要，德国实行了适用于小发明创造的实用新型和外观设计知识产权保护法律制度。

三是完善的知识产权社会服务体系。德国知识产权信息服务体系由五部分组成：一是德国专利商标局及与其有合作协议的 24 个专利信息中心；二是各类专利律师事务所；三是专门为公立大学和校外科研单位服务的专利信息服务机构；四是公益性科技信息中心；五是营利性私营专利服务公司和企业内部设立的专利服务部门。在知识产权信息数据库方面，德国专利商标局有最大、最权威的知识产权信息数据库；联邦教研部支持建设了生物技术数据库；德国很多大型公司和企业都建立了内部知识产权管理信息系统。

四是强化公立科研机构的专利技术成果商业化。主要有以下措施：①定期发布高等学校发明专利申请授权情况的国际比较研究报告；②在政府资助公共研发项目中增加知识产权申请和保护费用开支项；③联邦教研部出台公共研发项目研究成果管理与转化应用管理条例；④规定大学教师可从其发明的成果转化收益中获取 30% 收益；⑤规定大学教师对非职务发明独享支配权；⑥24 家定点专利服务及商业应用代理机构对高等学校法律及商业化应用进行咨询指导；⑦为科研机构、中小企业和独立发明人保护知识产权提供支持；⑧在全国范围内建设专业化知识产权管理培训和信息服务网，分享有关成功经验；⑨联邦政府会同有关部门推出知识产权保护"预防战略"，服务法律、产业、技术和展会等诸多领域。❶

5. 英国——与时俱进样本国家

英国是最早制定现代意义专利制度的国家，专利制度对英国政治经济的发展产生了巨大的影响：促进了工业革命的兴起，带来了宪政文明的繁荣，推动了人权事业的发展。进入 21 世纪，为了适应新形势的变化，英国知识产权保护呈现出新的特点。

一是规划知识产权法制改革。2011 年 5 月，《哈格里夫斯报告》（《数字机遇——关于知识产权和经济增长的评论》）完成，共提出十条建议，旨在确保英国拥有最适合数字时代经济发展及创新支持的知识产权制度。根据该建议，英国政府公布了知识产权立法改革一揽子计划，主要包含：①数字版权交易机制。英国政府通过建立数字版权交易机制，提供便捷途径促进版权内容使用许可的购买和销售。②版权例外。政府应杜绝过度监管行为，此举非但不会损害版权保护的宗旨，反而有利于激励创作人员。③孤儿作品。在数字版权交易相关数据库中无法查寻到作品方可被视为孤儿作品，政府应当制定相关法律实现孤儿作品的版权许可，实现商业和文

---

❶ 贺化. 中国知识产权行政管理理论与实践［M］. 北京：知识产权出版社，2018：37.

化价值。④集体管理组织。集体管理组织应当受到法律的约束，并受制于经英国知识产权局和英国竞争机构批准的运作准则，进而确保其运作方式与高效和开放市场的发展相一致。⑤小标的额程序。政府应当在郡专利法院对涉案金额较低的知识产权案件引入小标的额程序。最终，英国在《哈格里夫斯报告》的基础上，于2014年修改了其版权法。

二是修改版权法。为了紧跟时代步伐，平衡版权人和社会公众之间的利益关系，2014年英国对版权法进行修改，主要是对版权例外制度进行修订，以解决版权例外制度规定过于严苛、无法适应新形势发展需要和国际版权制度改革需要的问题，代表着国际版权制度发展的新趋势。这次重点修订了版权法的九个例外制度：（1）私人复制例外。允许公众对其合法获得的版权作品实施包括备份、格式转换等在内的复制行为。（2）研究及个人学习例外。将可供研究及个人学习作品范围扩大至所有作品；允许大学、图书馆、档案馆及博物馆等机构通过技术终端为社会公众提供版权作品。（3）文本和数据挖掘例外。明确任何人都可以在无须征得版权人同意的情况下出于非商业目的而对其所读到的材料进行文本和数据挖掘。（4）引用例外。将引用例外范围扩大到任何非营利目的引用。（5）滑稽模仿例外。其适用对象包括作品、表演及其录制品，扩大了适用范围。（6）残障人士获取无障碍格式版本例外。扩大了残障人士适用范围，扩大了可被使用的作品范围，简化了例外适用程序。（7）教育使用例外。扩大了教育例外适用的作品范围，允许以交互播放的形式向学生传播；增加了因教育目的而复制他人作品的数量；

将远程教育纳入到教育例外之列，允许远程学习者通过安全的网络获取教育材料。（8）保存及收藏例外。扩大了可提供作品的主体范围，增加了博物馆及其他教育机构；扩大了档案馆、图书馆、博物馆可复制作品的范围。（9）公共管理例外。允许公共机构及法定登记材料的管理者在不经版权人许可的情况下，在线公开享有版权的材料，但这一公开行为必须基于非营利目的。❶

三是改革专利制度。在全球专利改革中，英国的绿色技术快速追踪系统，已被包括美国、日本和韩国在内的很多国家采用。

四是深化知识产权战略实施。2011 年，英国以 2004 年制定的《应对知识产权犯罪战略》为基础，颁布了新的应对知识产权犯罪战略，陈述了政府应对知识产权犯罪的策略、在打击知识产权犯罪中的角色和责任及付诸行动的一些新领域。英国政府于 2011 年公布了《英国知识产权国际战略》，战略提出了英国应对国际知识产权纠纷的整体方法，以及要实现的三个主要目标：①构建完善的国际性框架，增强在欧洲的影响力；②建立良好的国家制度；③促进经济和科技发展。

五是激励中小企业提升创新及知识产权保护能力。主要有以下举措：①实施"专利盒子"计划，到 2017 年 4 月该计划完全实施时，企业专利收益的税率将降低至 10%。②签署欧盟协定，让企业只需花费 600 英镑便可在欧盟国家一次性

---

❶ 胡开忠，赵加兵. 英国版权例外制度的最新修订及启示［J］. 知识产权，2014（8）：73–78.

注册创新成果，不再需要花费 20 000 英镑在每个欧洲国家逐一进行注册。❶③英国知识产权局和英国公司管理署联手出台一系列企业帮扶举措，向中小企业管理人员提供有关知识产权的管理和保护知识。④开展"调解服务"，帮助小企业快速经济地解决知识产权纠纷。⑤发布知识产权商业化服务标准，明确面向发明人的服务组织的道德准则和行为规范等。❷

　　以上是五个发达国家知识产权战略实施情况，各国根据各自的情况不同，采取了不同的策略和措施，都取得了明显的成绩和效果。这些做法和措施，对我国大力实施知识产权强国战略，具有较好的学习、借鉴意义。

　　世界知识产权制度已有几百年的历史，时间久远，内容博大；发达国家运用知识产权战略，驾轻就熟，娴熟至极，创造了大量适用方法和成功经验。下面笔者将用最精简的文字，回应社会最关注热点，以期给大家提供参考、借鉴。

---

　　❶　贺化. 中国知识产权行政管理理论与实践［M］. 北京：知识产权出版社，2018：35–36.

　　❷　贺化. 中国知识产权行政管理理论与实践［M］. 北京：知识产权出版社，2018：32.

专利应用策略
指导思想

大力实施科技自立自强，建设创新型国家、建设知识产权强国，专利尤其是高价值专利的作用越来越凸显。企业如果没有专利技术，在当今创新发展的大形势下就没有效益；企业如果专利处于弱势，就要遭受打压；企业要重视创新，要拥有专利技术，否则就步履艰难。专利有十个重要特点、六大不可替代的作用，引导着企业不断做强专利技术，也推动着专利运用策略不断深化。

　　2019年3月25日，国家知识产权局验收组对中国（东营）知识产权保护中心建设情况进行现场验收。

　　2018 年 9 月 19 日，东营市知识产权局组织举办山东知识产权黄河口论坛。

工业企业没有专利就没有效益

经过改革开放四十多年的快速发展，我国已跨过短缺经济、规模经济发展阶段，现在正在贯彻新发展理念，实施创新驱动发展战略，建设知识产权强国，进入高质量发展阶段。没有创新能力的企业会步履维艰，没有专利技术的工业企业经济效益一般，就会更加艰难。

一、短缺经济、规模经济已经成为过去

1978 年 12 月 18 日，党的十一届三中全会召开，作出了把党和国家工作重心转移到社会主义现代化建设上来的重大决策，开启了改革开放和社会主义现代化建设伟大征程，实现了党的历史上具有深远意义的伟大转折。

改革首先是从农村开始的，探索实行家庭联产承包责任制，把集体耕地分给农民各户，由农民自主种植、自主管理，除完成分配的上交国家公粮任务外，其他留给农民自主支配等。农民种粮有了自主权，这种改革方式极大地调动了农民种植积极性，彻底解决了一直困扰农民的吃饭问题，农民的温饱得到解决，农业经济也得到大力发展。

农村改革取得成功以后，我国积极探索工业改革，先是大力发展机制灵活的乡镇企业；乡镇企业如雨后春笋般迅速发展，短缺经济不同程度得到缓解。之后在城市国有企业开

展改革，先后实施了"利改税""拨改贷"改革；推行承包经营责任制改革；推行股份制改革；特别是1992年，以徐州国营企业改革为发端，掀起了一股以"破三铁"（铁饭碗、铁工资、铁交椅）为中心的国营企业劳动、工资和人事制度改革热潮，扩大国有企业经营自主权，增强国有企业自我改造、自我发展的能力。

1992年春，邓小平南方谈话谈到计划经济不是社会主义特有、市场经济也不是资本主义特有，计划经济和市场经济都是手段；社会主义的本质是解放生产力、发展生产力，消灭剥削，消除两极分化，最终达到共同富裕；发展才是硬道理。邓小平南方谈话在国内外引起强烈反响，深刻回答了长期束缚人们思想的许多重大认识问题，进一步推动了全国人民又一次思想大解放，也为当年召开的党的十四大确立我国经济体制改革目标，建立社会主义市场经济体制奠定了理论基础，从而推动我国走上了社会主义市场经济发展道路。

按照社会主义市场经济体制要求，我国继续推进国有企业改革，形成了比较合理的国有经济布局和结构、建立了比较完善的现代企业制度，经济效益明显提高，市场竞争能力和抵御风险能力明显增强，更好地发挥了国有经济在国民经济发展中的主导作用。推行金融体制改革，推动专业银行向商业银行转型，建立市场化的金融机构。建立职工社会保障体系，解决下岗职工基本生活保障问题。推行行政管理体制改革，实现转变职能、精兵简政、提高效能改革目标。大力实施"引进来"和"走出去"战略，扩大来料加工"两头在外"生产规模，形成对外开放新局面。一系列改革开放措施的实行及社会主义市场经济体制的建立，大大提升了我国生产力水平，商品生产得到快速发展，GDP 年均增长保持在两位数水平，各类商品逐渐丰富，在不断满足人们物质生活需要的同时，出口商品数量逐年增加，短缺经济成为历史。

2001 年 12 月 11 日，中国正式加入世界贸易组织，成为第 143 个成员方。加入世界贸易组织，让我国商品市场快速变大，有力地推动了我国工业制造业的加速发展。随着生产能力快速提升，各生产厂家竞争加剧，经济效益下滑。这时我们提出了规模效益经济理论，就是一件商品仅有一元钱的利润，但商品数量多，仍能获得丰厚的利益。在这个理论的指导下，全国各地大干快上，迅速扩大规模。应该说，这期间是我国工业经济发展最快的时期，我国成为世界加工厂，我国生产的商品遍布世界各地，我国成为联合国工业分类生产全覆盖的唯一国家。到 2010 年，我国 GDP 达 40.15 万亿元，首超日本，跃升至世界第二位。

但是环境承载能力是有限的，全国大面积出现雾霾；人力资源成本上升；有些生产资料资源受限等，导致低端产品生产方式、粗放式发展模式无以为继，不可持续，调整产业结构、转变发展方式已经成为我国经济发展的必然。

2014 年 6 月 9 日，习近平总书记在全国两院院士大会上提出"加快从要素驱动、投资规模驱动发展为主，向以创新驱动发展为主转变"。2015 年 10 月 29 日，党的十八届五中全会提出"创新、协调、绿色、开放、共享"新发展理念，从而推动我国贯彻新发展理念，逐步走上创新发展之路。

随着环境治理费用增加、节能降耗指标控制、职工工资提升、人力成本增加、物流成本上升等多因素影响，低端产品生产的规模经济已经没有效益，小规模生产更没有效益，逼迫企业提升创新能力，增加产品科技含量，工业生产向产业链、价值链高端迈进。

二、有专利技术企业才有效益

因为专利技术是具有排他性的，即专利技术归一方拥有，其他人就不能再拥有；其他人要想使用这项专利技术，只有和专利权人商议许可使用、转让事宜；未经允许，任何单位和个人不得使用。

工业企业拥有专利技术，就可以自由应用于自己企业的工业生产；若不对外许可使用、转让，还可以限制其他企业使用该项专利技术，实现垄断生产。经过国家授权的专利技术，具有创造性、新颖性、实用性，企业把专利技术应用于工业生产，就让企业的生产或产品拥有了其他企业不能拥有的优点、优势，就提升了企业或产品的竞争力，也让企业对自己的产品有了定价权，这样企业就会获得较好的经济效益。

设备方面的专利技术应用于工业生产，可以优化生产流程、提高生产产量、降低原料消耗、提高产品质量、降低劳动强度等，让自己的企业和其他企业相比，生产效率更高、生产成本更低、生产产品更优，从而增强企业竞争优势。

生产工艺、生产产品方面的专利技术应用于工业生产，可以使产品更优质、更实用、更美观，并能降成本，让使用者更简洁、更方便、更节约等，将大力提升产品被市场欢迎和接受的程度，提升企业和产品的市场竞争力。

工业互联网方面的专利技术应用于工业生产，让产业上下游企业、单位等实现互联互通，解决生产中遇到的问题更快捷，原料采购更优惠，物流运输更迅速，智能生产代替人工更节省、更稳定，大数据指导经营管理更科学、更精准，这都能显著增强产品质量稳定性、服务质量快捷性，大大降低企业经营成本，提升企业在同行中的竞争优势。

节能环保方面的专利技术应用于工业生产，能让企业的生产更节能、更环保，在节省治理费用的同时，还让群众欢迎、政府满意、行业支持、同行学习，企业既有经济效益，又有社会效益。

商业模式方面的专利技术应用于工业生产经营，可以提升经营管理的现代化水平，提升经营管理的精细化、精准性，最大限度发挥人力、物力、财力作用，实现创产、增收、节支目标，让自己的企业与同行企业相比更规范、更高效、更先进、更实用、更具有竞争优势。

科研成果如果不申请专利加以保护，则意味着把科研成果奉献给社会，使全社会受益，但研发企业获利不大；科研成果如果申请专利进行保护，专利技术则可以成为企业的核心竞争力，企业在激烈的市场竞争中就有法宝，就有效益，就能胜出。有统计，上市企业每增加一件专利授权，工业企业可实现 0.24% 的年销售额增加，可增长 608 万元市值等。大量现实证明，进入新时代，工业企业必须有专利技术才能

有经济效益。❶

三、药品集中采购印证了没有专利就没有效益的观点

为了降低医疗用药费用，现在全国对医疗保险报销用药实行集中采购，即需要采购的药品由全国生产厂家来进行投标，从而增加竞标激烈程度，尽最大可能压低药品采购价格。

有报道，2021年新纳入国家集中采购的74种药物，集中采购后，药物整体价格下降61.71%。❷

没有专利的药品，生产就没有门槛，任何药品生产企业都可以生产，生产该药品的企业越多，参加投标企业越多，为了能够中标，竞相压低价格，导致中标企业虽然中标，但是企业没有效益。相反，有专利的药品生产企业，专利药品不经过本企业许可其他企业不能生产，对于采购的专利药品，参加投标的企业很少或者没有，只能通过协商确定采购价格，这样专利药品生产企业就有了定价权，企业就能保障有很好的经济效益。

普遍采用药品集中采购措施，既给广大患者带来福音，降低治疗负担，用好医保资金，也推动全国药品生产企业，重视研发、重视创新、重视知识产权，从而创造出更多新药、

---

❶ 龙小宁. 实证研究发现知识产权带来业绩增长［N］. 中国知识产权报，2021-04-23（3）.

❷ 彭韵佳，赵久龙. 74种新药进医保67种独家药大降价［N］. 中国信息报，2021-12-08（3）.

好药，适应社会变化需求，满足人们健康需要，治愈各类疑难杂症，减少病痛给人们带来的煎熬、痛苦，提高全社会、全人民幸福指数；同时也有助于快速提升我国药品生产企业国际竞争力，扩大药品出口，更好地服务世界人民生命健康；也真正让我国药品生产行业实现创新发展、高质量发展，从而逐步做强我国生物医药产业。

新时代、新理念、新格局、新要求，工业企业要认清形势，加大研发投入、实现科技自立自强；要重视知识产权保护，创造更多专利技术，努力提升企业核心竞争力，实现更好的经济效益，为建设知识产权强国、实现高质量发展作出新的更大的贡献。

专利弱势企业
"头上顶着两个盖子"

企业的"头上顶着两个盖子"指的是企业面临国际专利封锁和国内专利封锁双重困难。如果不能突破"两个盖子",企业要走创新发展之路就会举步维艰,处处受限;只有掀掉头上的"两个盖子",企业才能实现创新发展、快速发展、高质量发展。

一、"两个盖子"的形成情况

"两个盖子"的形成,既有历史原因,也有现实原因。

(一)国际专利封锁的形成

一是历史上我们技术落后。由于清王朝的闭关自守和盲目自大,在欧洲掀起工业革命、建立专利保护科研成果制度时期,清朝没有及时跟进学习、研究这些先进技术并建立专利保护制度,遂逐渐落后于世界。那时,依靠创新、最早建立专利制度的世界强国是英国。

二是改革开放后经济建设重点是先解决"有"的问题。1978 年 12 月,党的十一届三中全会以后,我国实行改革开放,以经济建设为中心,逐渐建立社会主义市场经济体制机制，走中国特色社会主义道路，经济社会建设发生了翻天覆地的变化，经济总量跃居世界第二，人民生活实现了小康。

虽然我们实现了从站起来到富起来的飞跃，解决了商品从"无"到"有"的问题，但是我们没有拥有产业核心技术，我们生产的产品在产业链的低端，靠牺牲资源、牺牲环境，赚取微薄的辛苦钱致富。高端机床、高端医疗设备、航空发动机、精密仪表、新材料、工业机器人、芯片等生产核心技术，被发达国家掌握。

三是我国知识产权制度建立晚。知识产权制度是发达国家创立的保护创新成果的制度，已有几百年历史，他们对知识产权制度的运用已经非常娴熟，申请了大量专利保护他们的研发成果。而我们国家是在改革开放后，才颁布知识产权法律，运用知识产权制度，我们用知识产权保护的创新成果还非常有限，有核心技术的高价值专利数量还不多。

四是国外公司在我国申请授权了大量专利技术。由于我们国家人口多、市场大，发达国家为了能够占领我国市场，限制、打压我国产业发展，而把它们的创新成果在我们国家申请专利技术进行保护。

石油化工产业，巴斯夫公司、杜邦公司、拜耳公司、埃克森美孚公司分别在中国申请授权专利数量为 9560 件、6030件、4382 件、3415 件（截至 2021 年 1 月底）。有色金属产业，住友公司、三菱公司、日矿金属公司分别在中国申请授权专利数量为 2209 件、1974 件、568 件（截至 2021 年 1 月底）。橡胶轮胎产业，普利司通公司、米其林公司、住友橡胶公司、固特异公司分别在中国申请授权专利数量为 5767 件、5119 件、

4792 件、2190 件（截至 2021 年 1 月底）。❶

国外公司不惜人力、物力、财力，在我国申请这么多的专利技术，就是想用技术壁垒封锁我国企业，打压我国产业发展，占领我国消费市场。例如，我国某市拥有橡胶轮胎生产企业 30 余家，橡胶轮胎产量占全国的近 1/4，但全市橡胶轮胎生产企业申请授权专利数量不足 1000 件，与普利司通公司相比悬殊。普利司通公司凭借着自己的专利布局优势，先后对该市企业发起专利诉讼 4 起，全部胜诉，该市企业被判赔普利司通损失 1200 余万元，不同程度打压了该市橡胶轮胎产业的发展。

（二）国内专利封锁的形成

从 1984 年 3 月颁布《专利法》至今已近 40 年，我国各地因地理位置差距、创新能力差距、对外开放形势差距、思想认识差距、工作力度差距，知识产权工作已经拉开档次，知识产权运用能力悬殊明显，知识产权数量、质量布局已经形成较大差距。例如，截至 2020 年年底，万人发明专利拥有量北京市为 155.8 件、上海市为 60.21 件、江苏省为 36.14 件、浙江省为 34.1 件、广东省为 28.04 件、山东省为 12.4 件、黑龙江省为 7.25 件、宁夏回族自治区为 5.31 件等。

可以看出，发达省区市围绕自己的研发创新成果和主导产业，已经布局、授权了大量的专利技术，占据了产业优势，形成了技术壁垒。相应其他省区市同产业的生产企业，由于

---

❶ 数据来源于合享专利数据库。

重视知识产权程度不够，没有布局专利技术，将受到发达省区市优势企业的限制，形成国内专利封锁、让企业头上增加了国内专利封锁的"盖子"。

二、"顶盖"企业受到制裁、打压

落后就要挨打，专利技术的排他属性，决定优势企业对侵权弱势企业要进行制裁、打压。

（一）美国对我国企业的制裁、打压

2017 年 3 月，美国商务部认定中兴公司把搭载美国科技公司软硬件产品出售给伊朗最大电信运营商伊朗电信违反美国对伊朗的出口禁令，依据美国出口限制法规，给予中兴公司 8.92 亿美元罚款，外加 3 亿美元罚款缓期执行，还迫使中兴公司更换了管理层人员。这是美国对非金融机构开出的最大罚单。

2018 年 4 月 16 日，美国以欺骗、虚假陈述和一再违反美国法律为由，重启对中兴公司制裁禁令，明确美国科技产品：

① 中兴不能直接从美国进口；

② 任何人不能协助中兴间接从美国进口；

③ 任何人不能从美国进口后转卖给中兴；

④ 即使中兴已从美国进口，任何人都不能购买，也不能

提供安装、维修等后续服务。制裁时间为 7 年。❶

另外美国还对华为公司和我国几十家高科技企业进行制裁、打压。

可以看出，美国凭借本国的科研优势，为了维持本国科技地位不动摇，以专利规则和其他法律法规为借口，蓄意对我国高科技企业进行打击、制裁，让我国企业看清了美国的本质，激起了我国企业奋发图强斗志，坚定了迎头赶上的决心。

（二）国内企业的较量、厮杀

格力公司是全国家电行业专利授权量最多的企业之一，格力公司拿起专利武器，对弱势侵权企业发起进攻，以展示企业实力，拓展市场份额。2008 年 11 月，格力公司起诉美的公司 12 款产品侵犯其"自定义睡眠控制技术"专利权，美的公司被判赔经济损失 200 万元。2015 年 8 月，格力公司起诉奥克斯公司侵犯其 3 件专利权利，奥克斯公司被判赔230 万元。2017 年 6 月，格力公司认为奥克斯公司的 30 多款产品侵犯其专利权，索赔经济损失 1.1 亿元。2016—2020年，奥克斯公司被法院判决侵犯格力公司专利权 26 项，受到制裁。

同样，我国某省万人发明专利拥有量，同先进省区市相比有较大差距，同经济总量相比不相匹配，该省企业也不同

---

❶ 张弘一. 中兴被美国制裁，这些都需要反思［EB/OL］.（2018-04-18）［2019-12-19］. http://www.sohu.com/a/228708242_115280.

程度受到打压。据观察，近几年，该省企业拿起专利武器让外省区市企业赔偿损失的案件不多，尤其是有影响的案件基本没有；但是有一部分外省区市企业拿起专利武器让该省企业赔偿损失的案件。该省某冶炼铝企业，因侵犯深圳市新星轻合金材料股份有限公司能耗专利权利，被要求赔偿经济损失 1940 余万元。该省某智能测温设备生产企业，因侵犯武汉红视热像科技有限公司红外测温技术专利权利，被要求赔偿经济损失 2200 万元。该省某化工企业，因侵犯四川金像赛瑞化工股份有限公司专利权利，被判赔经济损失 8000 万元。❶该省某市橡胶轮胎制造企业，因侵犯普利司通专利权，被判赔经济损失 1205 万元。❷

　　以上事实都与该省发明专利数量少、对知识产权保护意识不强、知识产权战略运用能力弱有关系，需要引起高度重视。现实一再证明，落后就要挨打。企业要高度重视"头上顶着两个盖子"问题。

三、突破"盖子"封锁，做强知识产权

　　"盖子"只要一天不被拿掉，企业就会一直被动，就要受制于人。但是拿掉"盖子"，也不是一日之功、一蹴而就的事情。

---

　　❶ 刘仁.一审判赔 8000 万元，化工企业专利之争愈演愈烈［N］.中国知识产权报，2020–07–15（6）.
　　❷ 摘自中国裁判文书网。

（一）通过购买实现突破

因欧洲市场小，相应企业规模也小，我国企业有实力并购它们。尤其是欧洲企业若掌握行业核心技术，我国企业则要把握机会，如金融危机、大的疫情暴发时，欧洲企业运营困难，难以为继，这时可以出手，探讨企业收购事宜，解决拥有产业核心技术问题，拿掉"头上的盖子"。例如，比亚迪公司通过收购瑞典沃尔沃汽车公司，潍柴公司通过收购法国船用发动机博杜安公司等，都壮大了企业技术实力。

对美国来说，对于非国家核心产业、或者是小众产业，有时也可以探讨企业收购事宜，如中国纳恩博公司，收购美国两轮电动平衡车创始公司——赛格威（Segway）公司。❶

但也要清醒地看到，我国的强劲发展越来越引起世界关注和不安，美国联合盟国对我国进行打压、围堵，我国在世界上收购兼并企业难度越来越大。例如，2012 年意大利国会授权总理可以对国外并购企业给予否决。到 2021 年年底，意大利总理共否决并购案 5 起，其中 4 起是否决中国企业并购案；仅 2021 年，就否决了 3 起中国企业并购案。❷ 这需要引起我们的高度重视。

（二）通过合作实现突破

合作是有条件的，一般是旗鼓相当、优势互补、互利共

---

❶ 马天旗. 专利商战启示录［M］. 北京：知识产权出版社，2020：57.
❷ 倪浩，韩硕. 意总理第三次否决中企收购案［EB/OL］.（2021-11-25）［2021-12-20］. http://baijiahao.baidu.com/s?id=1717376642738247433&wfr=spider&for=pc.

赢的公司容易开展合作，否则很难找到理想的合作伙伴。例如，华为公司和美国高通公司，相互开展专利许可合作；再如，潍柴公司于 2018 年投资氢燃料电池公司——加拿大巴拉德动力公司，合作研发氢燃料电池技术。❶

但是合作是有期限的，一般很难长久。合作只能用作缓兵之计、一时之策，不能用作长久之计。

（三）通过自主研发，做强知识产权

核心技术是要不来、买不来、讨不来的，尤其是美国高新技术产业核心技术更是如此。甚至美国还想尽千方百计，利用该国技术优势打压、制裁非本国企业。更有甚者，美国动用国家力量限制其他国家研制发展高新技术产业核心技术，以达到维护它们垄断优势的目的。

为了摆脱被制裁、被打压的被动局面，唯一出路就是自主研发，另辟蹊径，实现突破。例如，高端芯片供给被美国封锁以后，我国采取多条途径研究芯片生产技术，以绕开美国制造的技术壁垒。据报道，浙江大学已研制出光量子芯片制造技术；❷中国科学院在碳基芯片生产技术方面已有大的突破；华为海思已公布了"一种芯片的同步方法及相关装置"的多芯片叠加技术专利；围绕硅基芯片技术路线，我国企业采取规避设计的理念，在光刻机生产、光刻胶生产、刻蚀等

---

❶ 李海燕，张国栋，赵洪杰，等. 潍柴动力，何以奔腾不息？[M]. 大众日报，2019-07-09（3）.

❷ 百姓胸怀家国天下. 浙大正式宣布，攻下"量子芯片"，中国芯势不可挡[EB/OL].（2021-12-25）[2022-01-20].https://new.qq.com/rain/a/20211225A07ZN600.

关键技术领域，也实现了重大突破。

应该说，经过全国相关科研人员、科研单位齐心协力、共同努力，在不久的将来，高端芯片生产技术就要实现突破，"卡脖子"技术难题将得到解决。

另外，我国的 5G 通信技术、量子通信技术、超高压电力输送技术、高速列车制造技术、盾构机生产技术、大工程基建技术等，依靠我国自己的科技研发，拥有了核心技术，具有自主知识产权，走在了世界的前列。

在重视知识产权保护、建设知识产权强国、参与国际激烈竞争的大背景下，我们也要更加重视研发创新成果的专利挖掘和专利布局，切实用知识产权制度保护好我们的创新成果。

在不断提高企业科技研发创新能力的同时，要大力实施知识产权强国战略，掌握知识产权运用策略，增强知识产权运用能力，尽快提升企业核心竞争实力，彻底把"头上顶着两个盖子"甩到九霄云外去。

不创新的企业将步履维艰

科技赋能发展，创新决胜未来。纵观人类发展历史，创新始终是一个国家、一个民族发展的重要力量。16 世纪以来，世界发生了多次科技革命，每一次都深刻影响了世界力量格局。从某种意义上说，科技实力决定着世界政治经济力量对比的变化，也决定着各国各民族的前途命运。

一、习近平总书记高度重视创新工作

科技兴则民族兴，科技强则国家强。党的十八大以来，我国重大创新成果竞相涌现，科技实力正在从点的突破迈向系统能力的提升。当今世界正经历百年未有之大变局，习近平总书记深刻把握历史发展规律和国内国际形势，围绕实施创新驱动发展战略，加快推进以科技创新为核心的全面创新，提出了一系列新思想、新论断、新要求。

"我们必须把创新作为引领发展的第一动力，把人才作为支撑发展的第一资源，把创新摆在国家发展全局的核心位置，不断推进理论创新、制度创新、科技创新、文化创新等各方面创新，让创新贯穿党和国家一切工作，让创新在全社会蔚然成风。"

"创新是一个民族进步的灵魂，是一个国家兴旺发达的不竭动力，也是中华民族最深沉的民族禀赋。"

"我们在国际上腰杆能不能更硬起来，能不能跨越'中等收入陷阱'，很大程度上取决于科技创新能力的提升。"

"适应和引领我国经济发展新常态，关键是要依靠科技创新转换发展动力。"

"不创新不行，创新慢了也不行。如果我们不识变、不应变、不求变，就可能陷入战略被动，错失发展机遇，甚至错过整整一个时代。"

"中国要强盛、要复兴，就一定要大力发展科学技术，努力成为世界主要科学中心和创新高地。我们比历史上任何时期都更接近中华民族伟大复兴的目标，我们比历史上任何时期都更需要建设世界科技强国。"

"实践反复告诉我们，关键核心技术是要不来、买不来、讨不来的。只有把关键核心技术掌握在自己手中，才能从根本上保障国家经济安全、国防安全和其他安全。"

"在激烈的国际竞争面前，在单边主义、保护主义上升的大背景下，我们必须走出适合国情的创新路子，特别是要把原始创新能力提升摆在更加突出的位置，努力实现更多'从0到1'的突破。"

"科技创新是人类社会发展的重要引擎，是应对许多全球性挑战的有力武器，也是中国构建新发展格局，实现高质量发展的必由之路。"

"要坚持创新在现代化建设全局中的核心地位，把创新作为一项国策，积极鼓励支持创新。创新不问'出身'，只要谁能为国家做贡献就支持谁。"

可以看出，习近平总书记对创新尤其是科技创新重视的程度是空前的，对实现创新发展的速度是高度期待的，对推动创新的措施是非常有力的，也为我们实施创新驱动发展战略，建设世界科技强国指引着方向。

二、我国粗放式经济发展方式已不可持续

改革开放 40 多年，我国由高度集中的计划经济向有计划商品经济、商品经济、社会主义市场经济转变；农村由"大集体"向"联产承包责任制"转变；加入世界贸易组织后，为了适应世界市场，我国又向规模经济发展方式转变。这一系列改革开放举措，让我国从"短缺经济"实现向"生活小康"转变；从"计划经济"实现向"市场经济"转变；从"农业国家"实现向"世界工厂"转变；从"落后国家"实现向"世界第二大经济体"转变，2010 年，我国 GDP 总值达 40.15 万亿元，跃升为世界第二大经济体。❶ 应该说改革开放 40 多年，我们国家的发展已经开始赶上其他发达国家几百年的发展，我国经济建设取得的成绩是显著的、辉煌的、振奋人心的。

但是，我们也要清醒地看到，这 40 多年，我们更加关注的是速度和数量，但我们生产的产品大多处在产业链、价值链的低端，不拥有核心技术，经济效益一般，没有实现高质

---

❶ 本书编写组. 改革开放简史［M］. 北京：人民出版社，中国社会科学出版社，2021：72.

量发展，并出现一系列问题。

一是全国大面积出现雾霾，这表明我国环境承载能力达到极限，新上项目受到极大限制，逼迫采取上大压小、以新替旧、淘汰落后产能、发展新兴产业等措施保持经济发展活力。

二是由于我国生产体量大，原料采购到哪个国家，哪个国家原料就涨价；产品销售到哪个国家，哪个国家产品就降价，我国生产原料的优势已经不复存在，并且越来越受到限制。

三是随着经济发展，人员工资提升，人力成本增高，人口红利减少，人力资源优势弱化，低端产业生产在世界上优势降低。

四是由于科技研发投入大、风险高，我国企业大都没有开展科技研发活动，大多数企业生产没有科技含量的低端产品，通过压低价格在国内国际市场进行激烈竞争，既损害了我们国家和企业的形象，也让我们的企业没有效益。

上面这些情况的出现，明确告诉我们以前靠牺牲环境、消耗资源、凭借人力资源优势形成的粗放式要素驱动发展方式，已经不适合我国国情，要求我们必须转变经济发展方式，调整产业结构，逐渐向产业链、价值链的高端发展。

三、一系列政策措施推动实现创新发展

2015 年 10 月 29 日，中国共产党第十八届中央委员会第

五次全体会议审议通过的《中共中央关于制定国民经济和社会发展第十三个五年计划建议》提出了"创新、协调、绿色、开放、共享"新发展理念。

2016 年 5 月 20 日，中共中央、国务院发布《国家创新驱动发展战略纲要》，把创新驱动战略上升为国家战略。

2017 年 10 月 18 日，党的十九大报告提出，加快建设创新型国家。

2020 年 10 月 29 日，中国共产党第十九届中央委员会第五次全体会议审议通过的《中共中央关于制定国民经济和社会发展第十四个五年规划和二〇三五年远景目标建议》提出："坚持创新在我国现代化建设全局中的核心地位，把科技自立自强作为国家发展的战略支撑，面向世界科技前沿、面向经济主战场、面向国家重大需求、面向人民生命健康，深入实施科教兴国战略、人才强国战略、创新驱动发展战略，完善国家创新体系，加快建设科技强国"。

为了贯彻党和国家关于创新发展的一系列大政方针，自 2015 年提出供给侧改革以来，我国采取了六项叠加措施。

一是实施新旧动能转换工程。通过实施高新技术项目、战略性新兴产业项目，提升经济发展新动力，实现增量结构提升。

二是实施供给侧结构性改革。通过采取"三去一降一补"，即去产能、去库存、去杠杆，降成本，补短板措施，淘汰落后产能，促进存量结构调整优化。

三是避免落入中等收入陷阱。不断提高职工工资水平，增加企业生产成本，推动企业调整结构、转型升级。

四是精准扶贫。财政资金向"三农"倾斜，弱化财政资金对一般工业项目发展的政策支持。

五是化解金融风险。依靠金融资本膨胀规模，而自身创新能力不强，产品没有竞争力，效益一般的企业，通过限制金融放贷，限制企业低水平发展。

六是生态环境整治。打击环境污染，加大环境治理，增加环境投入，杜绝靠牺牲环境发展经济的现象发生。

通过实施以上六项叠加措施，一批不创新的企业、没有核心竞争力的企业、生产落后产能的企业，受政策调整，先后停产、倒闭，从而为新上项目留出空间，实现"腾笼换鸟、凤凰涅槃"要求，显示了国家政策调整的力度和效果。

某市三年来，有一批没有创新能力的大企业先后倒闭，形成银行债务一千多亿元。这一事件的发生，强力推动全市方方面面加快思想认识转变，大力实施创新驱动发展战略，加大产业结构调整和转变经济发展方式工作力度。

特别是，中共中央、国务院于 2021 年 9 月 22 日印发《中共中央　国务院关于完整准确全面贯彻新发展理念　做好碳达峰碳中和工作的意见》，于 2021 年 11 月 2 日印发《中共中央　国务院关于深入打好污染防治攻坚战的意见》，明确 2030 年，国内生产总值二氧化碳排放比 2005 年下降 65% 以上，实现碳达峰；2060 年实现碳中和；加快推进排污权、用能权、碳排放权市场化交易等一系列措施的推出。应该说政策措施力度更大、要求更加严格，必将让不创新的企业、没有核心竞争力的企业，没有经济效益；让这样的企业举步维艰、难上加难，直至让企业寸步难行、死路一条。

"十个最"凸显专利重要特点 [*]

随着新发展理念贯彻实施，创新成为经济社会发展的第一动力。专利保护创新成果，激励创造者热情，支撑创新发展的作用更加凸显；在知识产权运用实践中，逐渐形成专利"十个最"的认知，简述如下。

一、专利最主要的职能是保护，保护创新成果

建立知识产权制度，就是为了保护创造者的智慧成果，让创造者拥有产权、获得利益，从而最大限度调动创造者的积极性，创造出更多的创新成果，推动经济社会不断进步和发展。创新成果要想转化成专利进行保护，学问很深、应用很活。例如，专利是以公开换取保护，是采用开放式公开还是采取封闭式公开；不同案件公开程度怎样把握；哪些创新成果用专利保护，哪些用商业秘密保护；软件产品是用著作权保护还是用专利保护；怎样把好专利撰写质量关，切实保护好研发创新点；怎样用核心专利、外围专利、迷惑专利、保护专利等专利策略保护好核心技术等，都需学习研究才能掌握，才能真正发挥专利的保护作用。

---

* 该篇发表于《中国知识产权报》2020 年 7 月 1 日第 5 版。

二、专利的最大作用是布局，布局创新技术

企业只有懂得专利布局，才能做到使用一代、储存一代、研制一代，取得行业优势。企业如果没有专利布局，必将遭受损失。企业要认真研究、真正掌握，做好企业的专利技术布局、专利产业布局、专利国际布局、专利未来布局。企业只有布局好专利技术，才能在激烈的市场竞争中处于优势，才能保障企业研发成果获取最大利益，引领行业创新发展。

三、专利最好用的工具是专利大数据，要从专利大数据分析中获益

专利是公开的，专利大数据也是公开的；专利大数据是包含世界大多数国家最新研发成果的，是动态的、最新的、全面的、客观的。通过分析专利大数据，可以了解区域创新情况、产业发展方向、企业竞争对手情况，可以帮助节省研发经费和研发时间，可以帮助企业预警分析、引进项目、引进人才等，所以专利大数据作用巨大，被广泛使用。

四、专利最大的价值就是应用，价值得到实现

不被应用的专利是没有价值的，甚至是一种浪费。专利知识产权可以转化实施形成社会生产力；可以质押融资、证

券化；可以许可使用；可以买卖转让；可以入股；等等。要充分挖掘专利价值，努力实现专利转化、运用、实施。

五、专利的最高境界是写入标准，成为"标准必要专利"

成为标准必要专利需要过五关斩六将，经得起方方面面考验。成为标准必要专利的技术一定是撰写质量好的专利技术；是行业必需的核心专利技术；是社会需要、前景广阔的专利技术；是给创新人员带来最大效益专利技术；也是让创新人员获得最大尊重的专利技术。

六、做强企业的最有力途径是专利诉讼，要习惯专利诉讼

企业的竞争最终是人才、研发、知识产权的竞争。企业只有拥有核心技术，并得到专利保护，才能在产业竞争中占有优势，否则永远跟在其他企业的后面，受制于其他企业的技术限制。企业由弱变强的过程中必然会引起同行的关注、研究，引起同行的打压、阻止，引发专利较量，产生专利诉讼，这是企业做强的必经之路。所以企业必须要有应对专利诉讼的心理准备。

七、做强知识产权的最大基础是研发，是自主研发

企业没有研发，技术将永远受制于人；联合研发、联合拥有、企业是培养了一批竞争对手；企业只有做强自己的研发，才能真正实现使用一代，储存一代，研发一代，才能得心应手，拥有行业优势。

八、做强知识产权最主要的条件是人才，尤其是知识产权人才

企业要有专利代理师，对专利的撰写质量进行把关，保护好企业研发成果；企业要有专利大数据分析师，让企业的研发知己知彼，少走弯路，成效显著；企业要有法务，帮企业应对各种知识产权纠纷，指导企业依法管理；企业要有知识产权运营师，让企业的知识产权无形资产发挥最大的价值。人员是决定性因素，如果没有专业的知识产权人才，很难做好知识产权工作。

九、加强知识产权保护是完善产权保护制度最主要的内容

习近平总书记在 2018 年 4 月 10 日，参加博鳌亚洲论坛2018 年会开幕式时，发表了题为《开放共创繁荣 创新引领未来》主旨演讲，对知识产权工作的作用，从全局出发给予

高度评价，指出产权保护是完善产权保护制度最重要的内容，也是提高中国经济竞争力最大的激励。

产权按形态划分类别，分为有形资产和无形资产两类。有形资产因看得见、摸得着，作用显现、价值确定，人们重视、保护得力，历来都受到国家保护，且保护经验丰富，管理已经规范、有序；保护有形资产不受侵犯，已经达到了很高的水平。以知识产权为主要内容的无形资产受到保护的历史很短，人们保护无形资产的意识相对淡薄；特别是在我国，保护无形资产的法律法规在改革开放后才颁布，人们对法律内容不熟悉，对保护措施不掌握，保护无形资产不被侵犯还任重道远。

十、加强知识产权保护是提升中国经济竞争力最大的激励

这是习近平总书记给出的判断，出处同上一条。可以看出总书记对知识产权支撑创新，提升我国经济发展核心竞争力的基础作用，给予了高度评价和认可，也寄予深情和厚望。

以上是专利"十个最"的特性，展现了在创新驱动发展，建设创新型国家的新时代专利无比重要特性，也体现了党和国家对知识产权工作的高度重视和殷切希望。广大知识产权人要不辱使命，勇于担当，大力实施知识产权强国战略，最大限度发挥知识产权作用，推动我国经济社会实现创新发展，高质量发展。

专利的"六必用""六作用"功效

专利有六个功效，企业运用好这六个功效可事半功倍。世界发达国家都高度重视知识产权工作，并娴熟运用知识产权策略。美国没有科技部门，但是美国高度重视知识产权工作，运用知识产权制度在全世界保护创新成果，重点依靠知识产权制度发挥知识产权功效，让美国成为世界科技最强国。2019年，美国时任总统特朗普说，知识产权制度让美国强盛了150年。"六必用""六作用"功效简述如下。

一、开展科技研发必须用专利大数据，发挥知识产权大数据作用

开展科技研发必看专利大数据。据世界知识产权组织调查，世界上90%以上的科技信息首先以专利文献的形式披露出来，而且其中70%以上不以其他形式披露，所以专利大数据是科技成果的大汇集。❶通过专利大数据可以知道哪些区域、哪些技术还没有开展研发，从而避免重复研发，避免人力、物力和财力的浪费。

确定研发方向必看大数据。通过大数据了解当下产业全

---

❶ 张勇. 专利预警从管控风险到决胜创新[M]. 北京：知识产权出版社，2015：84.

社会研发重点、研发难点、研发趋势，从而明确研发方向，避免科技研发走弯路。

确定研发重点要看大数据。要研究竞争对手专利布局的区域、重点和策略，从而明确自己的研发区域、重点和策略，以利于参与市场竞争，战胜竞争对手。

挖掘撰写专利要看大数据。通过大数据知道哪些技术是现有技术，哪些可规避设计，从而降低撰写专利技术的侵权风险和被无效掉的风险。

二、保护研发创新成果，必须用专利等知识产权，发挥知识产权保护作用

知识产权制度是世界通行的保护智力创新成果的制度；除此之外，没有其他方法、其他制度能够保护智力创新成果。所以要想保护自己的创新成果，就需要用专利权、商标权、著作权、商业秘密、地理标志、集成电路布图设计、植物新品种权等多种类知识产权来进行保护。

三、企业追求经济效益必须用专利等知识产权，发挥知识产权垄断作用

在完整、准确、全面贯彻新发展理念，建设创新型国家的大形势下，不创新的企业步履维艰；创新型企业创新成果如果不能用专利知识产权进行保护，就不能成为企业核心竞

争力，就不能给企业带来可观的垄断利益，所以没有专利就没有效益。

运用互联网、大数据、云计算、智能制造等先进技术对企业进行数字化改造，就需要开发大量的软件技术，需要用著作权、专利权或商业秘密等知识产权进行保护，形成企业的科技支撑，变成企业的竞争优势，为企业带来经济效益，否则，也将严重影响企业的经济效益。

四、要想打败竞争对手，必须用好专利等知识产权，发挥知识产权的武器作用

是企业就要有竞争，只有在竞争中不断胜利，企业才能不断进步。打败竞争对手有很多方式，运用知识产权是其中之一。但是随着科学技术快速发展，数字经济、知识经济占比越来越高，企业间的竞争越来越倾向于高新技术竞争、知识产权竞争，知识产权将成为打败竞争对手的主要方式，如美国依靠知识产权打击华为公司、打击中兴公司。

五、要成为头部企业必须用好专利等知识产权，发挥多类型知识产权综合作用

行业头部企业，都拥有强大的研发实力，掌握行业核心技术，申请了大量专利，依靠专利权保护创新技术，拥有很强的竞争优势。

行业头部企业，依靠多年的管理、多年的业绩、多年的商誉、多年的积淀，已经很有实力、很有影响、很有形象，商标已经变成了商标品牌，依靠知名的商标品牌得到消费者青睐，获取消费市场认可，占据消费市场优势。

行业头部企业，采用当今最先进的网络、信息、智能、数字技术，通过版权、专利、集成电路布图、商业秘密等知识产权进行保护，建设电商平台、工业互联网平台、软件应用系统平台等，通过发展平台经济，巩固自己的竞争实力和优势地位等。

上述这些都是依靠专利权、商标权、版权、集成电路布图设计、商业秘密等知识产权保护实现的，否则，是难以实现的。

像华为、海尔、格力、潍柴、三星、苹果、高通这些头部企业，都是这样做的，都是这方面的典范。

六、决胜未来必须用专利权，发挥专利权的布局作用

未来可期，未来难卜，是说将来的事情可以期待，但是不能左右，不好预测。

专利制度打破了这个现状，实现了让现在能够决定未来，决胜未来。例如，围绕将来要用到的先进技术，现在就可以开展科技研发，待成果出来之后申请专利进行保护，这样其他人就不能再研发，就不能再拥有这项技术，这就让专利权

人拥有了将来的控制权，就能决胜将来。

例如，现在发达国家都投入重金开展科技研发 6G 技术，就是想依靠专利知识产权布局未来技术，决胜未来信息通信行业竞争，占据未来信息通信行业发展优势等。

因专利等知识产权有以上六个功效，是做强企业、做强产业的重要工具和制度，并被大量实践证明了的、确实管用的工具和制度，所以全社会要充分认识，要高度重视，要广泛应用，从而发挥知识产权制度的最大作用，助力我国社会主义现代化强国快速实现。

专利的十五个
应用策略

2008 年 6 月 5 日，国务院颁布《国家知识产权战略纲要》，将知识产权工作上升到国家战略层面，决定实施国家知识产权战略，一项关乎未来、兴国利民的战略由此开启了波澜壮阔的航程。

2021 年 9 月 22 日，中共中央、国务院印发了《知识产权强国建设纲要（2021—2035 年）》，决定实施知识产权强国战略，把知识产权战略推到更高位置、提出更高要求、寄予更高期待，将开启知识产权事业新的发展阶段。

有战略就要有策略。实施知识产权强国战略，就要大力实施知识产权应用策略，从而保障知识产权强国战略目标、战略决策、战略部署落地生根。笔者多年从事知识产权行政管理工作，总结出专利应用层面的十五个策略，按照先进入专利密集型产业，后开展科技研发，再对科研成果进行专利转化、保护、管理、运营的工作链顺序介绍选择产业、开展研发、科研成果转化为专利、专利布局、专利挖掘、专利撰写、专利保护、专利运营、专利管理、专利标准化、专利国际化、专利阶段性、专利大数据、专利质量提升、科创板上市等专利的十五个应用策略，逐一展开分述，呈现给大家。

　　2020 年 4 月 2 日，东营市知识产权保护中心班子成员和中层走访调研全市创新型企业。

　　2017年9月11日，东营市知识产权局组织全市重点企业，举办知识产权战略实施研修班。

1 产业选择的专利策略

在我国，有传统产业、战略性新兴产业、高新科技产业、知识产权（重点指专利）密集型产业等不同产业。新上企业、新上项目选择进入哪个产业，非常重要。

一、产业需要转型升级

多年来，我国经济建设一直在推动产业转型升级，也就是说，随着社会进步、技术发展，产业存在转型——向价值链高端转化、产业存在升级——向更高级别迈进。

中华人民共和国成立之初，农业和手工业占国民经济比重高达 90%❶，几乎没有真正的机器制造业和国防工业。

经过 70 多年的发展，我国国民经济实现了从落后的农业经济向工业主导，再向三次产业协调发展、创新驱动发展的历史性转变。第一二三产业增加值占比分别由 1952 年的 50.5%、20.8%、28.7% 调整为 2020 年的 7.7%、37.8%、54.5%。❷

现在我国农业基础地位更加巩固，农业高质量发展和乡

---

❶　马建堂. 党领导经济建设的伟大成就［N］. 人民日报，2021-07-06（13）.

❷　马建堂. 党领导经济建设的伟大成就和经验启示［N］. 人民日报，2021-07-06（13）.

村振兴全面推进；工业从低端向中高端转型升级步伐不断加快，"中国制造"竞争力显著增强，世界第一制造大国地位持续保持和巩固；现代服务业已成为国民经济的重要支撑，对经济增长的贡献率稳步上升。

经济和产业结构的深刻变化，推动我国经济发展质量和效益不断提高。目前我国是世界上唯一拥有联合国产业分类中全部工业门类的国家，数字技术支撑的现代服务业快速发展，城镇化率稳步提高，创新能力持续提升，产业转型升级步伐加快，这些都为创造高质量发展新奇迹注入源源不断的动力。

二、产业分类情况

世界通用产业结构分为三个产业类别，第一产业泛指农业，第二产业泛指工业，第三产业泛指服务业。

我国《国民经济行业分类》（GB/T 4754—2017）2019年修订版共分为20个门类，按照第一二三产业来划分如下。第一产业（1个门类）指农、林、牧、渔业。第二产业（4个门类）包括：①采矿业；②制造业；③电力、燃气及水的生产和供应业；④建筑业。第三产业（15个门类）是指除第一二产业以外的其他行业，包括：①交通运输、仓储和邮政业；②信息传输、计算机服务和软件业；③批发和零售业；④住宿和餐饮业；⑤金融业；⑥房地产业；⑦租赁和商务服务业；⑧科学研究、技术服务和地质勘查业；⑨水利、环境和公共设施管理业；⑩居民服务和其他服务业；⑪教育；
⑫卫生、社会保障和社会福利业；⑬文化、体育和娱乐业；
⑭公共管理与社会组织；⑮国际组织。

根据生产要素在产业中的作用情况，又可以分为劳动密
集型产业、资本密集型产业、技术密集型产业、知识密集型
产业。为了引导产业转型升级，我国又提出了战略性新兴产
业、高新技术产业。近几年，根据产业创新能力情况，借鉴
国际划分标准，我国又提出了知识产权密集型产业，制定并
公布了知识产权密集型产业目录。

三、运用知识产权策略选择优势产业

进入新时代，在建设社会主义现代化新征程中，创新处
于现代化建设全局的核心位置，创新驱动发展已经成为经济
社会发展的主旋律，新产业、新业态、新模式不断出现，推
动产业向技术密集型、知识密集型产业向高新技术产业、战
略性新兴产业、知识产权密集型产业转型升级。

1. 知识产权密集型产业有显著优势

知识产权密集型产业，同其他产业相比，该产业的创新
能力更强，科技含量更高，抗风险韧性更大。创新能力呼应
着产业的调整升级能力，同时丰富的技术储备为产业提供了
比较充裕的调整变化空间，使产业能够更好、更快地适应经
济社会发展各阶段的市场需求，市场竞争力突出。该产业对
人才和资本的依赖度更大，对劳动要素的需求相对较小，强

调全要素的均衡运用，结构更为合理，知识产权法律制度保护更加充分，这些比较优势共同造就了知识产权密集型产业发展韧性大，抗风险能力强的特点。❶

2021 年，当世界正在抗击新型冠状病毒肺炎疫情（以下简称"新冠疫情"）、经济发展严重受挫时，知识产权密集型产业五大科技巨头元宇宙平台、谷歌、亚马逊、苹果和微软的收入激增。这几家公司进账加起来超过 1.2 万亿美元，比 2020 年多出近 2000 亿美元。❷ 这展现了知识产权密集型产业强大的发展韧性和抗风险能力。

2. 知识产权密集型产业的范围

知识产权密集型产业目录是近几年国际社会根据世界创新发展需要，依据产业发展方向，选取创新能力最强的产业编制的目录，是最适合创新驱动发展形势，有优势、有前途的产业目录，是企业转型升级的最前沿、最优势产业。

2019 年 4 月 9 日，国家统计局发布国家统计局令第 25 号《知识产权（专利）密集型产业统计分类（2019）》，共包含产业 7 个大类、31 个中类、188 个行业小类。

7 个大类分别是信息通信技术制造业，信息通信技术服务业，新装备制造业，新材料制造业，医药医疗产业，环保产业，研发、设计和技术服务业。

31 个中类分别是通信设备、雷达及配套设备制造，计算

❶ 李杨芳. 专利密集聚力 创新发展攀高［N］. 中国知识产权报，2022-01-09（1）.

❷ 戴维·弗里德曼. 科技巨头霸权快要终结了吗［N］. 参考消息，2022-05-09（7）.

机制造，广播电视设备制造，电子器件制造，电子元件及电子专用材料制造，电子专用设备制造，智能消费设备制造，其他电子设备制造；通信和卫星传输，互联网服务，软件开发，信息技术服务；通用设备制造，专用设备制造，航空、航天器及设备制造，汽车与轨道设备制造，电气设备制造，仪器仪表设备制造，其他装备制造；金属材料制造，非金属材料制造，化学原料及化学制品制造，化学纤维制造；医药制造业，医疗设备制造；环保专用设备仪器制造业，环境污染处理专用药剂材料制造，环保相关活动；研究和试验发展服务，专业化设计服务，技术推广服务。

188 个行业小类中有 171 个行业小类和战略性新兴产业行业小类重合，也就是说知识产权密集型产业中近 91% 是战略性新兴产业。

3. 国家大力发展知识产权密集型产业

为了加快产业结构优化升级步伐，大力发展知识产权密集型产业，"专利密集型产业增加值占 GDP 比重"作为预期性指标纳入《知识产权强国建设纲要（2021—2035 年）》到 2025 年的中期目标及《"十四五"国家知识产权保护和运用规划》指标体系；国家知识产权局、国家统计局连续两年发布了全国专利密集型产业增加值数据公告。据 2021 年 12 月 30 日发布："经核算，2020 年全国专利密集型产业增加值为 121 289 亿元，比上年增长 5.8%（未扣除价格因素，下同），比同期国内生产总值现价增速高 3.1 个百分点；占 GDP 的比重为 11.97%，比上年提高 0.35 个百分点。2020 年专利密集型产业增加值对 GDP 增长的贡献率达到 24.6%。"❶ 在新冠疫情全球大肆虐的 2020 年，在全球经济发展严重受挫的大环境下，知识产权密集型产业的发展，表现出了不菲的业绩，展现了该产业的韧性和抗风险能力。

所以，新上企业、新上项目要选取知识产权密集型产业，它既是被实践证明了的创新能力极强的产业，又绝大多数是战略性新兴产业，是国家大力支持和发展的产业，是具有广阔前景的产业，也是决定企业获得较好经济效益的产业，还是助力企业实现高质量发展的优势产业。这也是知识产权策略在产业选择上的具体应用，并将呈现出强大的生命力。

---

❶ 《国家知识产权局公告、国家统计局 2020 年全国专利密集型产业增加值数据公告（第 466 号）》。

2 科技研发的专利策略

当今世界正经历百年未有之大变局，新一轮科技革命、产业变革正蓄势勃发，各国抢占科技制高点的竞争更加激烈。在我国，国际科创中心相继布局，国家级实验室、各类科研院所大量涌现并不断得到强化。作为创新主体的企业，怎样运用知识产权策略，建设好自己的研发机构，研发出产业核心技术，提升企业核心竞争力，将是企业发展重中之重的大事。对此，笔者提出以下四点建议。

一、首先要进行产学研合作

中国企业大多数是先生产取得利益，十分看重眼前现实经济效益；一般不开展科技研发，因为研发需要大量投入，且风险高、时间长，非必要时一般企业不建立研发机构。

随着我国经济社会发展转型升级、创新驱动发展战略大力实施，没有创新能力的企业难以为继，倒逼企业重视创新，建设研发机构。但是，建设研发机构需要有一个过程：企业明确研发方向的过程、企业了解研发市场的过程、企业认识研发设备和培养研发人员的过程等。

为了提高办事效率，降低科研投入风险，企业应采用产学研合作的模式，先和产业对应的大专院校和科研院所开展合作，利用他们的人才、设备、科研优势，先开展起科研工作，解决自己的技术难题。在这个过程中既培养了自己的研发人员，也了解了研发市场情况，还掌握了整个研发过程的总体情况。在此基础上，再建设自己的研发机构，就可以目标明确、思路清晰、措施得力、事半功倍。

开展产学研合作有两个问题需要高度重视。第一个问题是科研成果的知识产权界定。开展科研工作之前首先要签订科研合作协议，明晰各自权利、义务、责任，明确科研成果的产权归属、后续使用，明确继续研发合作、知识产权界定等事宜。作为企业要最大限度争取拥有研发成果知识产权，使之成为企业核心竞争力；否则，如若研发机构拥有科研成果知识产权，就可以许可更多企业使用该技术，出现了一批竞争对手，使研发合作企业的竞争优势大大削弱，获取利益的能力大打折扣。

在此方面，潍柴公司给我们作出了榜样。2003 年 8 月，潍柴投资 1 亿多元与奥地利 AVL 公司联合研发符合欧Ⅲ标准的电控发动机。合同文本中有两项"特殊"条款展现了潍柴人的智慧和远见，一条是开发技术的排他性，这意味着联合开发的技术潍柴公司全球独有；另一条是潍柴技术人员全程参与研发过程。起初 AVL 公司断然拒绝，因为"没有任何合作公司提出过这样的要求"；潍柴公司语气坚定表明，如果不接受这些条件，立即终止合同。但 AVL 公司迫切需要开拓中国内燃机设计开发市场，经过多轮博弈，AVL 公司接受了潍柴的要求。这个合作让潍柴拥有了核心技术，也培养了一

只具备研发能力的科研队伍，合作效益实现最大化。❶

但在国内，也有企业拥有国家科技进步一等奖，但却没有科研成果的专利权。究其原因，是企业和科研机构签订合同时，只要求了科研成果申报奖项，注重得到荣誉、得到奖项，没有要求科研成果产权问题，导致科研成果由研发机构拥有了专利权，联合研发成果没有形成企业的核心竞争力，企业得了芝麻失了西瓜，教训十分深刻。

第二个问题是企业提出的科研需求非常重要、非常有价值。科技发展到现在，只要能提出研发需求，基本都能研发成功、使技术难题得到解决。现在多数情况下研发不是问题，关键是提出研发需求。研发需求很重要，企业在这个认知的前提下，和研发机构多磋商、多争取，最大限度占有研发成果知识产权，提升企业核心竞争力，实现研发合作利益最大化。

二、要建强自己的研发机构

企业建设研发机构一般要经过三个阶段：第一个阶段产学研合作，计划建设研发机构，学习建设研发机构；第二个阶段建成研发机构，但研发能力较弱，还需要依靠外部研发力量支撑；第三个阶段建强自己研发机构，外部研发力量作为补充。

前两个阶段，企业缺少主动权和控制权，始终受制于外

---

❶ 李海燕，张国栋，赵洪杰，等. 潍柴动力，何以奔腾不息?［N］. 大众日报，2019-07-09（3）.

部研发机构，一旦和外部研发机构合作破裂，外部研发机构可能把最新研发成果卖给竞争对手，让竞争对手快速壮大，对自己构成极大威胁。

建强自己的研发机构，才能真正做到使用一批科技成果、储存一批科技成果、研制一批科技成果，让自己的企业在激烈的市场竞争中得心应手、游刃有余；建强自己的研发机构，才能让企业有能力解决产业"卡脖子"核心技术，拥有核心竞争力，始终走在行业前列，引领行业发展；建强自己的研发机构，才能做强自己的知识产权，才能做强自己的产业，才能真正实现创新驱动发展、高质量发展。

如华为公司，截至 2020 年年底，从事研究与开发的人员有 10.5 万名，约占公司总人数的 53.4%，其中包含数学家 700多名、物理学家 800 多名、化学家 120 多名，基础研究专家六七千名；❶ 2019 年，华为的研发费用支出为人民币 1317 亿元，约占全年总收入的 15.3%；2020 年年底，华为拥有授权专利 10 万多件；2020 年通过世界知识产权组织《专利合作条约》框架提交国际专利申请 5464 件，位居全球第一位，远超第二位三星电子公司 3093 件；现有 3007 个已申报的 5G 专利族，位居全球第一位。❷

无人机行业龙头企业大疆公司，在全球商用无人机市场占据 70% 市场份额，目前拥有全球最大的无人机研发团队，

---

❶ 瞭望智库.为什么华为有 700 多个数学家、800 多个物理学家、120 多个化学家？［EB/OL］.（2019-01-22）［2022-03-05］.https://zhuanlan.zhihu.com/p/102746117.

❷ 华为专利持有量创最大年度增幅［N］.参考消息，2021-03-18（15）；华为将开收 5G 专利费［N］.参考消息，2021-03-18（15）.

研发人员所占比重为25%，是美国军方不敢打击的重要供货商。这都展示了他们做强研发形成的强大势力。❶

三、开展专利大数据分析

专利制度设计是以公开换取保护，也就是说专利技术是公开的，这样专利大数据也是公开的。

根据世界知识产权组织的调查，世界上90%以上的科技信息首先以专利文献的形式披露出来，而且其中70%以上不以其他形式披露。❷所以专利大数据是科技创新成果的汇集，是科技创新、科技研发的宝贵资源，通过对专利大数据分析，既可以了解科技创新成果现状，又可以总结科技创新规律；既可以认识自己的创新优势，也可以了解其他企业的创新短板等。开展科技研发，一定要进行专利大数据分析。

研发前开展专利大数据分析，一是帮助企业看清产业技术发展的方向和路径；二是帮助企业明确哪些技术还没有申请专利，可以开展研发；三是帮助企业了解开展科研的方法和措施，这样能大大提高科研决策的科学性、精准性、针对性，预防科研走弯路。

研发过程中要进行专利大数据分析，从中明确哪些技术需要规避设计，哪些技术需要另辟蹊径，哪些技术可能填补空白等。分类施策，提升科技研发效率。

---

❶ 聂新鑫，侯颗. 美国历经近2年调查后宣布不会对大疆发布禁令 自主创新才更有底气［N］. 中国纪检监察报，2020-08-24（4）.

❷ 张勇. 专利预警从管控风险到决胜创新［M］. 北京：知识产权出版社，2015：41.

研发结束需要进行专利大数据分析，了解竞争对手的专利布局特点和策略，从而规划自己专利布局的技术点、技术分支、产业链、产品链、区域链等，并围绕专利布局做好专利挖掘和高价值专利组合培育工作，最大限度保护好研发成果，最大程度发挥研发成果效能。

四、做好研发全过程保密工作

科研成果转化为专利技术受到保护之前，科研全过程是企业的商业秘密，是要进行保密的。

企业要按照商业秘密保护要求做好五个方面的工作。一是对科研及有关人员要签订保密协议、竞业规避协议，对有关法律规定要进行保密培训，并督促执行到位。二是对科研阶段性成果要实行专人管理，严禁科研成果泄密。三是对研发用计算机等研发设备要专人管理、权限管理、独立放置，要采用加密措施、明示措施、留痕措施，要实行审批制度等，防止通过这些科研设备泄露科研秘密。四是对科研场所要实行物理隔离，严格控制无关人员出入，进出入口要有警示提醒标识等。五是要建立科技研发保密制度，健全保密组织、落实保密责任、建立保密机制，切实做好研发全过程保密工作。

以上是企业开展科技研发工作应遵循的知识产权策略，保障企业科技研发少走弯路、多出成果，推动企业研发机构快速成长。

3 科研成果专利转化的策略

专利是以公开该创新技术来获得法律的保护。哪些技术公开保护好、哪些技术不公开保护好、何时公开创新技术好等这些科技成果专利转化问题，有学问、有策略，需要企业了解掌握。

一、用专利保护的三个主要方面

一是产品的创新。因产品有实物、形状、功能、成分等特性，极易被人们掌握，如果不申请专利保护，人们很快就能仿制。二是结构、外形创新。因直观好学，如果不申请专利保护，人们立即就能仿制。三是经过拆分能够看到或通过现有检验检测技术能够掌握的创新，需要申请专利技术进行保护。例如，药品的组成成分，需要申请专利技术进行保护，否则以检测分析就清楚药品的成分，很难得到保护。

二、快速申请专利保护的三个主要方面

一是创新竞争激烈的产业。例如，电子信息产业、智能制造产业、新材料产业等，各企业都拥有强大的研发能力，依靠创新占领市场、获得利益、提升竞争实力，若申请不及

时，就有可能被竞争对手申请，变成竞争对手的技术。

二是研发跟跑的企业。这类企业因不拥有核心技术，需要尽快布局一些外围专利，提升企业专利技术实力，为企业运用核心专利技术增加许可谈判的筹码。

三是技术迭代较快的产业。例如，玩具制造业、家具制造业、服装制造业等，需要立即保护自己的创新成果，尽快获得创新利益，不能待技术过时，再获专利授权。

三、可以适当延迟专利申请的三个方面

有些企业的科技创新成果因害怕申请专利公开，被同行学习、模仿、再创新，失去竞争优势，希望能够延迟申请。笔者认为有三种情况可以适当延迟：一是企业的研发能力远远领先，已经具有使用一代、储存一代、研制一代实力，同行近期之内无能力赶超。二是科研设备、科研方法自己创造且没有公开，运用这些设备、方法取得的创新成果，因为同行达到同等研发能力需要一个过程。三是专利技术已经布局很好，不再申请专利不影响大局，竞争对手申请专利对自己影响不大，撼动不了自己的地位。

四、可以采取商业秘密保护的三个主要方面

一是计算机软件的算法（尤其是创新算法）；二是工业生产工艺，特别是化工产品生产工艺；三是空白领域、超前的科

技研发。这三个方面创新技术用现有的检测手段无法获取，若单位内部保密措施有力，可以考虑用商业秘密进行保护。

五、四种需要避免的情况

一是先召开科技成果鉴定会之后再申请专利保护。这是十多年前的做法。那时，全社会对知识产权认识不足、重视不够，不知道也不会用专利保护科技成果，有的召开完成果鉴定会也不申请专利；有的申请专利时发现专利已被参加成果鉴定的专家同行申请等。

《关于深化项目评审、人才评价、机构评估改革的意见》第二条第（五）项明确"非涉密的国家科技计划项目成果验收前，应在遵守知识产权保护法律法规的前提下，纳入国家科技报告系统，向社会公开，接受社会监督"。可以看出，中央要求国家科研项目在评审验收、公开前做好知识产权保护。

民营企业更应该在验收、公开前，用专利工具保护好自己的创新成果。中国科学院大连化学物理研究所包信和科学家，在科研任务完成以后，以前是先发表论文，再申请专利；最近这些年是先拿出一定时间挖掘、布局、申请专利，保护好之后再撰写论文，必要时再开展成果鉴定等，已经改变了原来的做法，非常重视科研成果保护。❶

---

❶ 邹碧颖. 授人以渔抓管理　春风化雨入人心——访中国科学院大连化学物理研究所知识产权办公室主任杜伟 [N]. 中国知识产权报，2018-12-05（8）.

二是产品生产出来以后再申请专利。有的企业认为产品没有生产出来，技术没有得到检验，不能申请专利；有的企业认为先实现效益为最大，技术保护可以滞后等。

《专利法》第九条第二款明确"两个以上的申请人分别就同样的发明创造申请专利的，专利权授予最先申请的人"。也就是说，我国专利权坚持先申请原则，谁申请的早就授予谁，等产品生产出来再申请专利，可能申请已经晚了，意味着拿不到专利权。

《专利法》第二条规定："发明，是指对产品、方法或者其改进所提出的新的技术方案。实用新型，是指对产品的形状，构造或者其结合所提出的适于实用的新的技术方案。"该条款明确发明、实用新型两类专利都是看技术方案的创新性，与产品生产没有关系。

三是放弃的研发方案不申请专利。研发过程中，有的方案因多条件限制被放弃，再无人问津，这是不妥的。放弃的方案，也要高度重视，要挖掘创新点，申请专利，占领这种方法，避免将来条件得到改善，放弃的方案变成先进方案，再想占领该方案已经没有机会。

另外，这也是同行规避研发最容易想到的方案，自己不抢先占领，他们就要占领，从而给同行留下了参与竞争的机会，为企业发展留下后患。

四是用商业秘密措施保护创新成果过多。因商业秘密保护一旦失密，就会成为公知技术，就没有办法再进行保护，企业就失去核心竞争力，对企业造成的损失大、风险高；再者企业商业秘密过多，职工时刻要提高警惕，增加了职工负担，形成职工隔阂，不利于企业管理。

所以笔者建议，非必要尽量不采取商业秘密措施保护创新成果，应该更多地采用世界通行的专利工具保护创新成果。

灵活运用上述科研成果转化为专利技术的知识产权策略，能够降低科技研发成果保护的成本，提高科技研发成果保护的效果，避免造成不必要的科技研发损失，对科技研发工作具有重大的指导意义。

4 专利布局的策略

研发结束，成果产生，只是完成了科研工作的一部分，更重要的是怎样用专利工具来布局自己的研发成果，保护好研发成果，形成企业技术优势。否则，研发成果得不到有效保护，难以成为本企业核心竞争力，而可能会成为竞争对手专利成果，这将违背科研单位和科研人员的初衷，大大挫伤研发者工作积极性，对整个社会创新发展不利，也是国家、社会和方方面面不希望看到的。所以专利布局工作越来越引起科研工作者的重视，怎样进行专利布局，笔者谈点自己看法。

一、要明确专利布局的重点和策略

要运用大数据工具，认真分析产业发展相关大数据和专利大数据，明确产业发展方向、明晰技术发展趋势，清楚专利技术布局的分布特点、空白区域等。

要认真分析竞争对手专利布局，清楚竞争对手研发重点、技术优势、专利布局严密程度等。

要认真分析合作伙伴专利技术布局情况，既看到问题又看到长处，便于取长补短、优势互补。

要认真分析自己的研发实力、研发重点，以及企业的发展现状、企业的战略规划等，做到知己知彼。在此基础上制定企业专利技术布局先后策略、竞争策略、优势策略等，并围绕重要技术点、重要技术分支、重点技术区域等开展专利技术布局，从而实现研发成果效益的最大化。

二、 要制定专利布局的总体规划

凡事预则立不预则废，开展专利布局，要进行总体规划，规划应包括以下五部分内容。

第一是布局专利的类型。首先要选择各种合适的专利类型进行布局，要重视专利质量，培育更多高价值专利；其次要根据产业现状和发明创造的特点，明确发明、实用新型、外观设计三类专利布局的重点，如电子信息、新材料产业发明专利占比较大，就要重点布局发明专利；最后要坚持多类型联合布局原则，有些包装外观设计专利能申请商标的，还要申请商标注册，有些软件开发产品申请著作权后，还可以申请发明专利，其中计算方法还可以确定为商业秘密等，实行多类型知识产权联合保护措施。

第二是布局专利的时间。要结合企业短期、中期、长期经营战略制定专利布局短期、中期、长期规划。例如，企业有新产品上市时，上市前要围绕新产品布局系列专利；再如，企业长期战略是实现引领，布局专利就需要将来拥有行业核心技术。

要合理规划关联方案专利申请时间、专利公开时间。例如，核心专利的延伸专利要提前申请，保障核心专利保护期限到期前延伸专利获得授权，从而延长核心专利保护期限。

要明确专利转让时间、专利放弃时间等。例如，替代技术已经产生、原有专利技术需要扩大使用规模时，就需要转让。

第三是布局专利的地域。要结合市场所在、制造所在、仓储所在布局专利地域；要结合知识产权保护力度大小，布局专利地域，其中第一层次是知识产权保护力度大的美国、欧洲、日本等国家和地区，第二层次是知识产权保护力度次之的巴西、印度、俄罗斯等国家和地区，第三层次是其他发展中国家和地区。

第四是布局专利的领域。依据产品的市场占有率、利润率、围绕产业链部署创新链，决定专利布局领域。例如，市场占有率、利润率高的产品，要多布局专利技术，以保障自己的竞争优势。再如，石化产业上游产品技术已经非常成熟，布局大量专利成效不明显；若在下游布局大量专利技术，开发新产品，实现特殊功能，将迅速抢占国际市场，取得丰厚经济效益。

第五是布局专利的数量。依据企业研发实力、产品市场占有、行业专利现状、竞争对手布局数量，明确自己企业专利布局数量等。例如，电子信息产业，多数企业都布局了大量专利技术，这就要求企业要重视专利数量布局。

三、要多层次开展专利布局

按照专利布局的递进顺序，划分四个层次进行专利布局。

第一层次是技术专利布局，重点是为了保护创新技术。第一可以采用"路障式"专利布局，即把实现技术目标所必需的一种或几种技术方案申请专利；优点是申请和维护成本低，不足是竞争者可能通过规避设计绕开障碍专利。

第二可以采用"屏障式"专利布局，即把实现技术目标所有规避设计方案全部申请专利，形成屏障阻碍竞争者申请该技术专利。优点是保护效果较好，不足是申请和维护成本稍高。

第三可以采用"地毯式"专利布局，即把实现技术目标的所有技术方案全部申请专利，形成"地毯"阻碍竞争者申请该专利技术。优点是专利布局全面、保护效果好，不足是投入大、成本高。

第四可以采用"围墙式"专利布局，即把实现技术目标的所有可能围绕技术目标申请一周圈专利，形成"城墙"阻碍竞争者申请该专利技术。优点是保护效果最好，不足是投入大、成本高。

总之，拥有核心技术就要围绕核心技术布局核心专利、外围专利，形成核心技术专利群进行保护。其中，有些外围专利可能是迷惑专利，有些则可能是保护专利等。

当不拥有核心技术时，可以围绕核心技术研究外围技术，布局外围专利，让核心技术更完善，有利于交叉许可谈判；

还可以采用"围墙式"专利布局，即核心技术由竞争者掌握时可以围绕该核心技术所有技术方案申请一周圈专利，以阻碍该核心技术的应用范围，从而降低竞争者的竞争优势，提升企业交叉许可谈判的主动权。

第二层次是产业专利布局。如果企业的研发成果能够产生新的产品，研发技术涉及新产品的原料、工艺、参数、设备、检测、包装、应用等全环节、全流程，企业就拥有了这个新产品的核心技术，这时，就要进行产业专利技术布局。

围绕产品生产全环节、全流程挖掘技术创新点，布局专利技术，保护新产品生产的全部过程。这样就能实现新产品的独家生产，或用专利技术入股开办分厂生产，或收取高额专利许可费用授权其他企业生产，以获取高额垄断利润，实现科技研发的最大价值。

例如，安徽洽洽食品股份有限公司生产的"洽洽瓜子"，因泡制烘干生产工艺独特，申请了发明专利获得授权；后又研发了与之配套的生产设备，申请了发明专利获得授权；外包装申请外观设计专利获得授权。这样整个生产流程都得到保护，要品尝"洽洽瓜子"口味的瓜子，只能购买"洽洽瓜子"，因为其他企业不能生产，从而保障企业获得丰厚的经济效益。

第三层次是国际专利布局。要让产品参与国际市场竞争，占领国际市场，还要把自己的核心技术布局到该产品的技术强国、生产大国、市场大国、竞争对手市场占有国，做到产品未到专利先行，让专利技术接受市场检验，从而提升产品竞争实力，扩大产品市场份额，促进企业走向国际，推动企业成为大型跨国公司。

第四层次是未来专利布局。笔者认为专利技术布局的最大优势就是布局未来，即现在的研发能够决定未来的成败。要预判产业发展方向、开展科技研发、布局未来专利技术，让同行无路可走只能跟在后面，自己则始终处于优势地位、主导产业发展、获取丰厚利益。

例如，在通信领域 5G 网络才刚刚开始运营，远未在所有国家普及；6G 网络只是有概念，标准不存在，围绕网络外部特性的假想性研究正在进行，但是 6G 网络领域的竞争已经异常激烈。

2021 年春天，华为、LG、苹果和其他公司相继宣布了制定 6G 移动通信标准的项目。

美国电信行业解决方案联盟 2020 年秋天成立"下一代 G 联盟"，以确保"北美在 6G 和未来移动技术领域占据领先地位"，超过 100 家公司加入其中，包括苹果、谷歌、英特尔、微软、思科、美国电话电报移动通信公司和威瑞森电信公司。

日本把推广 6G 通信特别写入国家数字化计划，由索尼和日本电信电话公司承担该课题。

中国在 6G 领域也是当仁不让，华为、中兴、小米、中国联通都有自己的项目，都申请了一批 6G 专利技术。可以看出，主要国家、主要公司都高度重视未来专利技术布局工作。❶

另外，在生物制药领域，还要重视围绕药品新用途及时布局专利。例如，我国以岭药业公司生产的"连花清瘟胶囊"

---

❶ 伊万．德米特里延科 6G 竞速谁拔头筹［N］．参考消息，2021-04-28（7）．

药品，以岭药业公司针对该药品用途，从病因、病理、病症、部位等角度，以及从病原体、抗病机理、患病部位、患病症状等多个角度进行布局。其中，依据病原体布局的用途专利涉及百日咳、人禽流感、H1N1、带状疱疹、H3N2、中东新型冠状病毒等；按照抗病机理则布局了破坏细菌生物膜、扩张支气管用途专利；以患病部位涉及呼吸系统和非呼吸系统，沿呼吸系统自外而内布局了口腔、咽部、鼻窦、扁桃体、支气管、肺部多个部位的疾病药品用途专利，而非呼吸系统则布局了涉及手足口病、急性肾炎、化脓性胸膜炎、角膜炎等用途专利。❶

　　可以看出，专利布局策略，事关科技研发方向、保护和运用成效；专利布局好坏，将严重影响企业竞争实力和企业发展成败，是企业必须要认真研究和切实掌握的重要策略。❷

---

❶　白光清，于立彪，马秋娟. 医药高价值专利培育实务［M］. 北京：知识产权出版社，2017：81，87.

❷　参阅赵礼杰《高价值专利布局》课件。

5 专利挖掘的策略

专利挖掘是指有意识地对创新成果进行创造性的剖析和甄选，进而从最合理权利保护的角度确定用以申请专利技术创新点和技术方案的过程。从该定义可以看出专利挖掘是挖掘方便权利保护的创新点，和技术创新点是不完全一致的。所以专利挖掘有很深的学问，包含很多知识产权策略。

一、专利挖掘需要专业人员参与

一般企业专利挖掘由研发人员自己完成，研发人员对技术很娴熟，对创新点很清楚，但是对技术创新点的专利保护策略了解不多，挖掘撰写的专利有时起不到保护作用，反而曝光了自己的科研成果，有的甚至教训十分惨重。如果有专业的专利挖掘人员参加，就可以针对研发创新点，从专利保护的角度，挖掘创新点的保护要素，更好地保护创新技术，发挥专利挖掘撰写的真正作用。

例如，汽车尾气催化净化器中使用的催化剂经过科学实验证明，加入一定数量、一定纯度的磁性稀土物质，可以拓宽汽车尾气催化净化器工作温度范围，提高催化净化效率，市场容量巨大，市场前景广阔。这个技术的创新点有两种表述方式，一种是添加磁性稀土的纯度和数量用一个范围来表述，不明确具体数值；另一种是根据科研的真实情况，明确添加磁性稀土的具体纯度和具体数量。如果按第二种表述方式挖掘撰写专利的创新点，就曝光了创新技术，反而得不到保护，如果按第一种表述方式挖掘撰写专利的创新点，既体现了创新点内容、又能很好地隐藏关键数据，展现出专利挖掘撰写的水平。这就是专利挖掘保护创新技术要讲究的策略。

二、专利挖掘的五种主要类型

因各企业情况不同，目的不同，专利挖掘也存在差距，现介绍五种普遍采用的类型。

第一种类型是围绕研发项目进行专利挖掘。应分两条线进行，第一条线是技术研发，围绕中心技术研发找出所有分支技术研发，再围绕分支技术研发找出所有分支模块研发等，最后围绕最小研发模块，全面分析查找技术创新点，并形成专利技术进行保护。

另外一条线是围绕研发时间对自始至终开展的各项研发活动及细分活动，进行全面分析，查找技术创新点并形成专利保护。采用这种方法，确保全面分析研发活动，以及全面找出创新点，保障专利挖掘全面到位。

第二种类型是围绕技术标准构建进行专利挖掘。专利的最高境界是成为标准必要专利，专利写入团体、行业、国家、国际标准，企业在行业之中才有话语权，专利写入标准成为标准必要专利是各企业的普遍追求。

专利写入标准必要专利有四种情况：一是产业发展基础专利；二是专利技术代表社会发展方向，满足社会发展需求；三是标准中的"空洞"技术，即标准中提到的技术尚且没有专利进行申请；四是标准衍生专利。有实力的创新型企业要围绕这些标准需求开展自己的研发活动，挖掘需要的专利技术，做到早谋划、早主动，争取写入各级标准，成为标准必要专利，实现专利最大价值，从而提升企业在行业中的话语权。

第三种类型是围绕专利地图进行专利挖掘。企业要围绕产业制作专利技术功效矩阵图，从中发现技术密集区、技术稀疏区、技术空白区。技术密集区要选取小的创新分支开展科研，挖掘专利，避免侵权发生；技术稀疏区要加大研发创新力度，挖掘更多专利技术抢占该区域；技术空白区要围绕企业战略，大力开展创新研发，挖掘布局大量专利，形成科技制高点。

要制作专利技术时间变化趋势图、技术发展成熟图，从中发现技术萌芽期、技术成长期、技术成熟期、技术衰退期。技术萌芽期侧重挖掘基础专利技术，努力扩大专利保护范围；技术成长期要围绕扩大技术应用范围开展科研，挖掘布局大量专利，占领应用领域；技术成熟期要围绕重点区域开展科研，挖掘布局外围专利，便于交叉许可谈判；技术衰退期要研究替代技术，开展科技研发、挖掘布局专利技术。

第四种类型是围绕创新点进行专利挖掘。根据创新点扩展延伸出更多的创新点，这是一种从一到多的挖掘思路。这一挖掘思路分两条线进行，一条是技术研发，围绕技术研发创新点，分析创新点的关联因素是否出现新结构、新方法、新物质等，进而挖掘布局更多专利技术。

另一条是针对研发创新点沿技术链向上和向下节点延伸，看是否出现新结构、新方法、新物质等与之相配套、相适应，进而挖掘布局更多专利技术。

第五种类型是围绕完善专利组合进行专利挖掘。专利组合是将有内在联系的多个专利集合形成一个群体，从而互相补充、有机结合，发挥整体作用。完善专利组合，进行专利挖掘，就是围绕企业核心技术，从技术链的前端到尾部，逐个环节、逐个节点进行核查，发现遗漏的创新点，并申请专利进行弥补，从而完善企业专利组合，保障没有漏洞，为企业核心技术提供强有力的专利保护。还要围绕核心技术，找出所有的替代方案和改进方案，针对方案的创新点挖掘布局专利技术，以规避其他企业申请相关专利。

三、专利挖掘的常规节点及步骤

根据企业研发生产的流程，专利挖掘分研发规划、研发立项、项目研发、产品测试、生产上市五个常规节点，对每个节点的创新点都要认真分析挖掘，五个节点的创新点要相互补充、相互完善、相互印证，保障专利挖掘全面准确、重点突出。

专利挖掘的常规步骤有三步，第一步是企业在生产经营中遇到问题后提出问题，然后通过科研解决问题，推动企业前进；第二步是对解决问题的新技术进行分析，明确哪些是已有技术、哪些是本次科研的创新技术，依据专利挖掘策略，围绕创新点挖掘布局专利技术；第三步是围绕创新点撰写技术交底书，选择适当的专利类型，申请获取专利权利。

运用以上专利挖掘策略，找出科技研发活动所有创新点，分节点、按层次布局撰写专利，避免遗漏创新点，从而更好地保护自己的创新成果，实现专利挖掘的目的、发挥专利挖掘的作用，保障研发创新成果的完整无缺。❶

---

❶ 参阅赵强《高价值专利挖掘》课件。

6　专利撰写的策略

专利撰写人员要掌握专利方面的法律法规；既要有理工科大专以上学历，还要有很好的文字写作能力；既要懂技术，又要懂经济，还要懂管理；既能静下心来研究专利技术，又善于和科研人员、审查人员探讨研发创新点保护问题。因此专利撰写对个人综合素质、综合能力提出很高要求。

国家对专利撰写人员实行资质管理，每年组织专利代理师考试，考试通过者授予专利代理师资质，从事专利代理工作两年后，要有明确的专利代理机构作为自己的工作单位，才准许独立开展撰写工作。考取专利代理师难度非常大，每年通过率在 10% 左右。截至 2020 年年底，全国有专利代理机构 3253 家（不含港澳台），执业专利代理师 23 193 人。❶

一、严格选择专利代理机构、专利代理师

在我国，专利撰写除权利人自己完成外，其他都要委托专利代理机构的专利代理师代为撰写。因专利撰写、申请、答辩程序烦琐、专业性强、标准要求高等，大多数专利撰写申请工作都是委托完成的。由此就存在一个专利代理机构、

---

❶　国家知识产权局运用促进司服务业发展和监管处. 盘点知识产权服务业六大关键词［M］. 中国知识产权报，2021-02-24（7）.

专利代理师的选择问题。这是一个大问题，有的人比喻选择专利代理师就好比选择雕刻师对美玉进行雕刻一样，好的雕刻师则让美玉更加璀璨、提升价值；笨拙的雕刻师则让美玉见绌，降低价值甚至让美玉作废。

专利代理机构因人员、管理、积淀、范围、规模等因素差异，是分级别的、是有好差之分的；同级别专利代理机构因区域、人员、定位不同，侧重的产业不同，优势的专业是不同的；同一机构不同人员因学历、资历、能力、专业、态度、习惯不同也有很大差距。

因此，选择专利代理机构、选择专利代理师不是一件简单的事情。笔者建议要坚持以下原则选择：一是越是核心技术越要更加重视专利代理机构、专利代理师的选择；二是要选择和自己的产业和技术相适应的专利代理机构和专利代理师，保障内行人干内行的事；三是价格便宜的应注重质量是否满足要求；四是要多选几家进行比较鉴别，从而找到期待的专利代理机构。

二、遵循专利撰写的要求

专利撰写有固定的文书，各文书撰写要求越来越清晰。技术交底书撰写要包含七大要素：一是发明名称，也就是发明的主题；二是发明所属的技术领域；三是相关技术背景；四是发明目的，即解决什么技术问题；五是发明内容，即研发的技术是什么；六是发明效果，即其技术有什么优点；七是附图及其简要说明。

权利要求书撰写要坚持"清楚、简要、完整、支持"四大基本原则；要坚持"合理概括扩大范围、独立权利要求仅需必要特征、从属权利要求形成合理梯度、涵盖所有必要主题"高质量撰写四项原则。

说明书撰写要坚持"清楚、完整、能够实现、支持权利要求"四项基本原则；要坚持"不能忽视背景技术撰写、合理支持请求保护范围、根据申请策略确定撰写、技术思路支撑发明创造"高质量撰写四项原则。

说明书具有九个作用：一是充分公开，二是支持保护范围，三是支撑保护范围梯度，四是支撑申请文件修改，五是为意见陈述提供铺垫，六是规避他人选择发明，七是提供侵权判定支撑，八是合理隐蔽最优方案，九是支持创造性高度。专利撰写人员坚持这些撰写的规律或经验能少走弯路，提高效率，进而取得事半功倍效果。

三、高度重视核心专利技术撰写

作为企业一定要清楚，不是研发成果转化成专利技术就一定能被保护，相反如果专利技术的权利要求保护范围很窄、专利撰写该隐藏的内容未能实现隐藏，那么即使获得了授权、拥有了专利证书、公开了相应技术，也难以得到保护。

所以对核心专利的撰写一定要高度重视，除前面谈到要聘请高水平专利代理机构和专利代理师之外，撰写前一定要对现有技术进行专利大数据检索，并将其作为撰写中不可或缺的重要环节，必要时还可以进行专利分析或预警工作。掌握现有技术，才能知道创新成果和现有技术的区别和要实现的价值；掌握现有技术专利布局情况，才能避免专利说明书产生交叉侵权，权利要求书范围才能恰当；要最大限度挖掘替代方案，不给其他同行留下选择发明的空间。

此外，还要对核心专利的撰写等工作进行监督、验收，保障核心技术通过专利工具切实得到保护，从而发挥核心技术最大作用和价值。

四、对专利撰写进行检查验收

专利撰写工作的重要性，决定对专利撰写工作要进行检查验收；这也要求企业要有专业人员并具备检查验收的能力。

要成立由企业领导牵头，企业知识产权管理人员、专利撰写人员、企业研发人员参加的验收组织。要听取撰写汇报，查看撰写资料，以保障程序完整。要从专利呈现的技术、法律、经济、综合四个角度，查看创新点是否全面，从而防止创新点遗漏；要查看权利要求书是否全面、完整，以及保护是否有力；要分析市场前景及经济价值；要针对每个创新点找出可能的替代方案，查看撰写是否涵盖了这些替代方案。通过这些工作，来保障专利撰写的质量。

另外，还要从专利挖掘、专利布局的角度进行查看，以保障专利挖掘深入，专利布局全面。

随着企业创新能力不断提升，注重专利数量的阶段已经过去，更多企业越来越重视专利的质量和价值。国家专利审查速度提升，布设了一批知识产权保护中心，专利授权的速度更快，因此没有必要为了快速授权，申请过多的实用新型专利。因为实用新型专利不进行实质审查，极易被无效作废。所以企业应转变专利申请观念，调整企业专利结构，申请更多的发明专利，经实质审查授权后，被无效难度加大，保护效果更加理想。

坚持以上专利撰写策略，有助于保障专利技术的撰写质量，创造更多的高价值专利，更好地保护科技创新成果，发挥专利保护的应有作用。❶

---

❶ 参阅欧阳石文《高价值专利申请文件的撰写》课件。

7 专利保护的策略

习近平总书记指出："加强知识产权保护是完善产权保护制度最重要的内容，也是提高中国经济竞争力的最大激励。""创新是引领发展的第一动力，保护知识产权就是保护创新。知识产权保护工作关系国家治理体系和治理能力现代化，关系高质量发展，关系人民生活幸福，关系国家对外开放大局，关系国家安全。"可以看出，习近平总书记对知识产权保护工作高度重视，对知识产权保护的作用和意义高度评价，对知识产权保护工作也提出了殷切希望。

为了落实习近平总书记重要讲话、指示精神，国家知识产权局推动在全国开展了相关部门齐心协力、齐抓共管的知识产权大保护工作；修改知识产权法律法规，引进惩罚性赔偿制度；布设知识产权保护中心、知识产权快速维权中心，缩短审查授权时间，加快行政执法的保护工作；对国内国外、国有民营、大小企业一视同仁的同保护工作等。应该说，知识产权保护力度明显加大，侵权案件赔偿数额大幅提高，社会满意度年年上升，2020 年已达到 80.05 分，较"十二五"末（2015 年）提高了 11.33 分 ❶，全社会保护知识产权意识快速提升，保护知识产权、保护创新成果的氛围逐渐形成。

---

❶ 杨柳. 80.05 分！2020 年全国知识产权保护社会满意度创历史新高［N］. 中国知识产权报，2021-04-30（1）.

保护知识产权，尤其是保护专利知识产权，人们探索了很多应用策略，具体如下。

一、专利高质量撰写保护

要保护研发创新成果，专利撰写是第一步，是最关键、最基础的一步。专利撰写应该做好四个方面工作：一是全面挖掘创新点，保障创新点全面得到保护。二是该隐藏的重点方案，通过区间覆盖、撰写技巧实现隐藏。三是找出所有替代方案，并在专利撰写中进行覆盖。四是检验撰写质量的最终方法是打赢侵权官司。经得起侵权人百般挑剔、无效诉讼，最终能够赢得官司，打击侵权，维护创新成果合法利益。

二、核心技术专利工具保护

创新者要围绕核心技术全面挖掘创新点，并挖掘放弃方案创新点和替代方案创新点；布局外围专利，形成核心专利群，保护核心专利技术。有时也专门布局保护专利，即发生侵权诉讼时，非常方便取证的创新技术专利；有时也专门布局迷惑专利，即在研发路径的反方向布局一些专利技术，搅乱竞争对手的跟踪研究等，通过专利工具技巧多手段保护核心专利技术。

三、专利数量集群保护

专利以数量布局，以质量取胜。专利数量代表企业研发能力、创新实力、诉讼水平；专利数量多少对保护企业创新成果至关重要，是企业迎接诉讼，发起反攻的"弹药库"。

某市橡胶轮胎产业规模占全国的 1/4，但该市全部橡胶轮胎企业拥有专利不超过 1000 件（2020 年年底）；日本普利司通公司在我国拥有专利 5767 件（2020 年年底），普利司通借助自己的专利优势，对该市企业提起 4 起专利侵权诉讼，该市企业无力反击，全部败诉，判赔金额总计 1205 万元，专利数量不足的劣势暴露无遗。小米公司在印度专利诉讼失败后，一方面购买大量专利，一方面加大研发，申请大量专利，仅 2020 年投入研发经费超 100 亿元，到 2020 年年底，拥有全球专利数量 1.9 万余件，专利实力快速提升，创新能力显著增强。❶

企业要注重专利数量的积累，发挥集群作用，奠定在专利侵权诉讼中的优势，保护企业创新发展。

四、发起专利诉讼保护

当自己的专利权益受到侵犯时，要毫不犹豫拿起法律武

❶ 黄鑫. 三年拿下手机市场全球第一 小米"小"目标能实现吗［N］. 经济日报，2021-08-13（12）；中研网. 小米全球范围内专利达 1.9 万件 华为 5G 技术专利已达世界第一［EB/OL］.（2021-04-25）［2021-08-05］. http://baijiahao.baidu.com/s?id=1698022143064356495wfr=spider&for=pc.

器进行反击，既可以选择调解也可以选择仲裁，既可以寻求行政路径又可以寻求司法路径。专利权侵权诉讼是人们最常用的法律措施，是主要的争议解决手段，有三个方面的技巧需要引起重视。

（一）专利诉讼类型的最优选择

用专利技术起诉对方侵权，对方第一时间要做的事情就是向国务院专利行政部门请求宣告该专利无效，既有可能无效成功，直接胜诉，还可以为应对诉讼争取准备时间。

运用实用新型或外观设计专利起诉对方侵权的，若这两类专利技术保护严密、权利状态稳定，无效请求失败，维持专利权利有效，对发起的诉讼有力。因为这两类专利没有经过实审程序，专利权利的稳定性没有经过把关，被无效掉的可能性较大；若这两类专利权利复审判决无效，不但损失了专利，也导致诉讼不能成功，对起诉方十分不利。用这两类专利进行诉讼，败诉的风险加大，没有十拿九稳的把握、不是无法挑选，一般不宜采用。

对侵犯发明专利权提起诉讼。因发明专利经过实审，专利权利相对稳定，被无效的难度加大，胜诉概率提高；且无效程序时间周期长，其间起诉方可以加大诉讼事项的宣传力度，既宣传自己的技术又宣传自己的产品；可以建议对被诉讼方采取适当措施，给对方制造压力，打击对方；可以给相关使用单位发放律师函，提醒使用单位不能使用侵权产品，从而挤出被诉讼方产品，让自己的产品占领市场等。起诉方要充分利用这段时间，展示创新实力，提升市场竞争力。若诉讼最终胜利，制裁侵权，则获得赔偿利益；若诉讼最终失败，但在诉讼过程中已占领市场，亦获得利益，诉讼目的得到实现，所以诉讼侵权使用发明专利最有力。

（二）委托专业律师机构代理诉讼

专利诉讼涉及技术问题，更涉及法律问题，还涉及诉讼策略、诉讼程序、诉讼经验、诉讼沟通等问题，是一项很专业的工作。企业知识产权管理人员、法务人员处理小的诉讼案件，可以独自完成；涉及重要诉讼案件，可以参与，但必须聘请专业律师机构参与（或为主）应对。

（三）关键节点诉讼

专利起诉要讲策略、有节奏、按计划、分节点、重效果进行。

（1）市场竞争十分激烈时，为了展示实力，抢占市场份额，要严厉打击侵权行为。

（2）竞争对手操作上市时，通过起诉侵犯专利权利阻止其上市，以削弱竞争对手竞争实力。截至 2021 年第一季度，因知识产权存在问题终止科创板上市的企业已达 56 家。❶ 例如，武汉安翰科技股份有限公司（以下简称"安翰科技"）于2019 年 5 月冲刺科创板上市时，被竞争对手用 8 件专利起诉侵权，受该专利侵权案件影响，安翰科技上市进程受阻，被

❶ 赵俊翔. 科创板上"风浪"急　知识产权做"基石"［N］. 中国知识产权报，2021-09-01.

迫于当年 11 月撤回上市申请。❶

再如，翱捷科技公司于 2020 年 12 月向科创板提交了上市申请，同期展讯公司以侵犯专利权为由起诉了翱捷科技公司；2021 年 4 月，展讯公司作为原告又追加了一起翱捷科技公司作为被告的专利诉讼；2021 年 7 月翱捷科技公司在科创板提交了注册，距离"敲钟"仅一步之遥，天津市第三中级人民法院作出一审判决，认定侵权成立，判赔经济损失 2441 万元，该案件一定程度影响翱捷科技公司上市进程。❷

（3）竞争对手发展迅速，为了阻止其快速发展，采用侵权诉讼打击。

（4）为了展示快速发展的实力，提升企业行业地位，针对行业龙头企业进行侵权诉讼。

知识产权侵权案件千差万别，知识产权侵权案件数量越来越多，随着知识产权保护力度加大，相信知识产权保护策略也将会更加精准、更为科学、更可操作，专利技术的保护也将更加有力、更有成效、更可持续，全社会的创新环境更加公平、更为宽松、更有秩序。

---

❶ 柳鹏，黄菲，吴丹．武汉企业靠专利预审打通"上市之路"［N］．中国知识产权报，2021-08-13（3）．

❷ 陈景秋．基带芯片产业迎来专利"大考"［N］．中国知识产权报，2021-08-11（6）；墨羽．深陷知识产权诉讼等"旋涡"翱捷科技科创板首轮问询连遭 30 问［N］．资本邦，2021-03-11．

8 专利运营的策略

专利运营是指通过专利流通、专利使用发挥专利作用、实现专利价值的过程。随着我国大力实施创新驱动发展战略、知识产权强国战略，且我国逐渐由专利大国向专利强国迈进，专利运营工作越来越引起广泛关注、高度重视。国家财政部、国家知识产权局先后开展了专利运营服务体系建设、专利转化专项计划等工作，通过试点带动，推动全国专利运营工作全面起势。应该说专利运营市场在我国非常广阔，并且在大力发展之中。作为专利运营实施主体的企业，怎样运用专利运营策略，做好专利运营工作，为企业创造更好更大的经济社会效益，不仅是企业的追求，也是全社会共同关注的课题，现在笔者谈点自己的看法。

一、 强力抓好专利转化实施

好的专利技术应尽快投入生产使用。若企业实力强劲，可快速扩大专利产品生产规模，迅速投放市场；必要时可以在各地建设分厂，满足市场需求，逐渐让专利产品占领市场、引领市场，形成适度垄断，产生溢价效应。若企业实力受限，可以和有实力企业联合成立股份公司，用自己的专利技术入股，最高可占到近70%的股权，快速推动专利技术转化落地。

若企业自己不想生产，也可以许可其他企业进行生产。企业可以采用一般许可方式，许可多家企业生产；也可以采用排他性许可方式，除许可其他一家企业生产外，保留自己生产的权利；还可以采用独占许可方式许可，只许可一家企业生产。需要说明的是，被许可企业再许可形成的从属许可问题，若许可合同中没有明确允许，就是不允许。

专利产品在满足人们美好生活需要的同时，最大限度实现专利价值，推动企业实现更好效益，获得更快发展。

二、大力发展知识产权金融

知识产权金融主要指知识产权质押融资、知识产权证券化、知识产权信贷、知识产权保险等。知识产权金融体现了知识产权无形资产价值，实现了知识产权无形资产变现，解决了科创企业轻资产贷款难题，有力推动了全社会创新发展，得到了全社会的重视和支持。

国务院《"十四五"国家知识产权保护和运用规划》等一系列文件推广知识产权质押融资、知识产权证券化；国家知识产权局、中国银行保险监督管理委员会联合发文并召开会议部署知识产权质押融资工作，并明确"鼓励商业银行在风险可控的前提下，通过单列信贷计划、专项考核激励等方式支持知识产权质押融资业务发展"，明确"商业银行知识产权质押融资不良率高出自身各项贷款不良率 3 个百分点以内的，可不作为监管部门监管评级和银行内部考核评价的扣分因素"；国家知识产权局、中国银行保险监督管理委员会、国家发展和改革委员会联合发文开展《知识产权质押融资入园惠企行动方案（2021—2023年）》等，合力推动知识产权金融工作。

知识产权金融得到了快速发展，"十三五"时期，全国专利商标质押融资总额超7000亿元，较"十二五"翻了一番，其中2020年专利商标质押融资总额达2180亿元，同比增长43.9%；❶知识产权证券化自2018年开始至2021年上半年，我国累计获批并发行了20多个知识产权证券化产品，实现融资超过200亿元，并形成了融资租赁资产支持证券模式、供应链资产支持证券模式、基于专利许可费应收债权模式三种模式在全国进行复制推广；❷知识产权保险在国家知识产权局的指导下，陆续推出系列产品，也呈现出蓬勃发展态势，2020年，我国知识产权保险的保障金额突破200亿元，惠及企业4295家。❸

山东省也出台知识产权质押融资政策，明确省财政给予同期贷款基准利率利息60%补贴，给予专利评估、价值分析费发生额50%补贴，给予专利权质押保险保费60%补贴，风险补偿基金给予损失本金40%补偿。山东省东营市也出台政策，明确本金损失风险补偿规定："省、县市、备案银行分

---

❶ 薛佩雯. 金融活水　浇灌创新之花［N］. 中国知识产权报，2021-07-02（7）.

❷ 刘仁. 知识产权证券化：专利"变现"跑出加速度［N］. 中国知识产权报，2021-06-09（5）.

❸ 吴珂. 知识产权金融畅通发展"血脉"［N］. 中国知识产权报，2021-02-11（2）.

别按照 40%、40%、20% 的比例给予补偿，单笔补偿金额不超过 300 万元"。❶

应该说大力发展知识产权金融已经形成广泛共识，支持知识产权金融的政策也做到了全面、有力，大的社会环境已经形成。下一步关键是抓好五个方面工作，一是向企业广泛宣传知识产权金融优惠政策，动员更多的企业使用知识产权金融工具变现，解决企业融资困难问题；二是大量向银行、担保、保险等金融机构推送优质企业客源，诚心诚意为银行、担保、保险搞好服务，调动银行、担保、保险开展知识产权金融的积极性；三是协调有关方面，针对当地实际，推出更多的金融产品，满足当地企业多种需求；四是帮助企业及时兑现有关优惠政策，切实减轻企业负担；五是搞好知识产权交易，利于知识产权变现，方便坏账企业知识产权处置。

随着创新型社会的逐渐形成，随着知识经济的快速发展，企业知识产权等无形资产作用在提升、有形资产作用在下降，无形资产占比越来越高，无形资产成为企业的主要资产，知识产权金融将成为企业融资主渠道。相信通过各方共同努力，知识产权金融大发展形势必将快速到来。

---

❶ 鲁政办字〔2020〕69 号《山东省人民政府办公厅关于印发整合设立"省级中小微企业贷款增信分险专项资金"实施方案的通知》，鲁市监知发字〔2019〕108 号《关于印发〈山东省知识产权质押融资风险补偿资金使用管理实施细则〉的通知》，东市监发（2021）7 号关于印发《东营市知识产权质押融资风险补偿资金管理办法》的通知。

三、认真开展高价值专利培育

具有高技术价值、高经济价值、高法律价值的专利才是高价值专利。为此，培育高价值专利，就要围绕经济建设主战场技术需求与"卡脖子"技术难题，开展科技研发，取得创新成果，然后布局、撰写出高质量专利申请报告，以获得专利授权。

所以近几年形成了由企业、科研机构、品牌知识产权服务机构参与的高价值专利培育形式。企业提供需求、经费及中试条件，进行转化实施；科研机构负责研发、试验、优化；品牌服务机构负责专利大数据分析，研发成果的专利挖掘、布局、撰写、申请、授权等工作。

应该说通过以上方式培育形成的专利技术既解决了企业的技术难题、又拥有现成的使用市场、还能保障专利质量稳定，具备高价值专利要求，就形成了高价值专利。以上培育方式也是经过多年实践探索找到的、科学的、便捷的高价值培育方式，同时这种培育方式也是知识产权运营的最佳方式，它让科研围绕市场转、研发围绕问题干、创新成果企业盼，形成的专利运营目标更明确、运营方式更简单、运营过程更高效。

要大力宣传、推广这种培育、运营模式；要争取政策资助、扶持这种培育、运营模式；从而为企业、为社会培育更多急需、急用的高价值专利，解决企业"卡脖子"技术难题，快速提升企业和区域核心竞争力。

四、成立知识产权联盟，构建产业专利池

为了提升专利运营效益，更好地服务产业发展，产业优势企业或者区域优势产业龙头企业要牵头成立知识产权联盟，欢迎同行加入联盟组织，集中大家智慧，扬长避短、趋利避害、公平竞争，共同探求产业健康发展知识产权之路。

要集中大家的专利技术建设产业专利池、运营专利池专利，鼓励入池企业交叉许可专利，实施错位发展。专利池的建立也是为产业设立进入门槛。新进入某产业的企业，如不购买专利，或侵犯专利权，要进行惩罚性赔偿；或产品没有竞争力，企业效益不理想。这就逼迫新上企业要来专利池购买专利技术，这样专利池的专利既可以卖个好价钱，又可以提高进入该行业的门槛，还能阻止部分实力一般的企业进入该行业，对行业发展、入池企业发展都十分有利。

一般是集中产业核心专利建设专利池，产业强势龙头企业也可以以自己企业专利为主建设产业专利池。产业强势龙头企业要以建设专利池为机遇，建设自己的知识产权运营机构，既运营自己的专利实现无形资产价值，也运营其他企业专利增加收益，从而做强做大企业知识产权运营业务，增加企业盈利渠道。企业在专利运营过程中，还能摸透行业专利技术需求热点、发展方向，还可以更好地指导自己的研发，布局自己的专利技术，快速提升企业核心竞争力。在专利运营给企业带来利益的同时，也推动企业逐渐变成研发创新型企业。

例如，百度申报并获得国家知识产权局批复后，在北京建设国家级人工智能产业知识产权运营中心；2021年9月，百度牵头成立中国专利保护协会人工智能专业委员会，阿里巴巴、商汤科技、华为等30家国内人工智能相关企业加入，百度担任主任委员；2021年9月2日，百度牵头联合阿里巴巴、快手、蚂蚁科技、美的、魅族、商汤科技7家代表性相关企业共同成立"中国人工智能产业专利池"，百度担任组长单位，首创分领域运营方式。❶

当企业知识产权等无形资产成为企业主要资产，运营这些专利将成为企业主要业务；因运营专利成本极低，运营专利将成为企业的主要盈利渠道。

例如，2017年高通公司从我国企业收取专利使用费将近700亿元；❷2018年高通公司年收入达227亿美元，其中产品收入占公司总收入的3/4，专利使用费收入占公司总收入的1/4，但是在公司纯利润收入中，产品收入占46%，专利使用费收入占54%，收取专利使用费已经成为高通公司的主要盈利来源。❸

通过上述多方式、多途径、多策略开展专利运营，在让企业享受到科技研发给企业带来荣耀、提升地位的同时，也让企业收获了丰厚的经济利益，从而推动企业更加重视研发

❶ 吴新. 百度AI高价值专利运用赋能产业智能化［N］. 中国知识产权报，2022-04-22（27）.

❷ 赵建国. 311.5%！知识产权使用费出口额为何暴增？［N］. 中国知识产权报，2018-03-02（3）.

❸ 张勇. 专利预警——从管控风险到决胜创新［M］. 北京：知识产权出版社，2015：172.

创新、更加重视知识产权运营；也推动企业实现转型发展、逐渐占据产业链、价值链高端；还推动企业逐渐转变成研发创新型企业。

9 专利管理的策略

随着经济社会发展进步、创新驱动发展战略实施，人才围绕资本转将逐步变成资本围绕人才转，智慧创新成果的知识产权无形资产在企业中的占比越来越高，在企业中的作用越来越大，管理好这些知识产权，尤其是专利无形资产就更显重要，企业要从战略高度认识这项工作、从运用策略抓好这项工作。

一、根据专利数量、质量情况进行管理

专利较少的企业可以委托专利代理机构托管，这样既可以和专利代理机构建立联系，让专利代理机构指导、帮助企业开展专利等知识产权工作，还可以避免因遗忘缴纳专利年费而导致专利权利失效的问题。

专利数量较多的企业，要安排专人管理，建立专利全生命周期管理台账，及时缴纳专利年费；申领各级资助补助，申报各级奖项奖励；建立管理激励制度等。核心专利要重点管理，要明确管理人员、细化管理责任、保障不能失效；要研究续展措施，最大限度拓延核心专利使用期限；急需专利可以购买、交叉许可、入股，以保障企业生产经营业务。

二、认真开展知识产权管理规范贯标工作

知识产权贯标是指在企业开展国家标准 GB/T 29490—2013《企业知识产权管理规范》认证。通过这个标准的认证推动，让企业的知识产权管理工作更规范、更健全、更周延、更重要。

要健全组织体系，明确分管领导、主管科室、主管人员、协管人员等；要健全制度体系，建立专利申请审查制度、专利日常管理制度、专利运用激励制度、专利岗位责任制度等；要明确科研立项、项目研发、原料采购、产品生产、产品销售等环节知识产权具体要求等；要建立监督反馈机制，督促知识产权各项制度规定落实落地。

通过认证贯标工作，大力宣传知识产权知识，努力提升企业知识产权意识，强力推动实施知识产权战略；要把知识产权工作渗透到各部门、各分支、各环节，形成分工协作、齐抓共管的良好氛围；要让知识产权真正成为企业保护创新的重要工具，创新发展的重要支撑、做大做强的核心战略。

三、积极申报资助奖项

为了鼓励高质量专利创造，各地都出台了一些资助政策，要关注这些政策变化，及时申领各级资助，让企业享受到政府的政策支持。

国家、省、多数的地市都在定期评选专利奖项。选取企

业拥有的高价值专利技术参加各级专利奖评选，既可以宣传企业专利技术，还可以检验专利技术的先进程度、撰写质量高低，获奖时还可以收获奖励、展示实力，是一次展示、检验、学习的好机会。

企业知识产权工作具备一定基础之后，要按照有关条件和要求申报市级、省级、国家级知识产权优势企业、示范企业荣誉称号，不断提升企业知识产权管理水平，不断强化企业创新能力，不断展示企业知识产权实力等。

四、提升知识产权管理层次

实践中，人们根据知识产权工作开展情况，把企业划分为五个层次。一是对知识产权工作了解不多。企业没有专利、商标、著作权等知识产权产品，还没有接触知识产权工作。二是把知识产权当"花瓶"、当荣耀。企业有专利、商标等知识产权产品，把这些当资质、当荣誉、当作炫耀的资本。三是有知识产权，能解决自己的问题。企业布局了一些专利、商标、著作权知识产权产品，但只是为了保护自己的智力创新成果不被侵犯，对知识产权战略、策略知之不多，运用很少等。四是用知识产权"跑马圈地"。企业对知识产权的作用已经有了深刻的认识；能够进行知识产权布局，不断提升自身竞争实力；已经把知识产权当成武器，不断打击竞争对手等。五是实现知识产权最大价值。企业已经能够娴熟运用知识产权战略策略，企业已经变得非常强大；已开展知识产权运营，知识产权无形资产已给企业带来丰厚利益；逐渐转型发展，成为研发创新型企业，占据产业链、价值链高端等。

知识产权管理机构设置，划分为四个层次。一是由行政部门管理知识产权工作。企业已经遇到知识产权问题，但对知识产权工作了解不多，不知道干什么、怎样干。以上表明，企业对知识产权这项工作还没有引起重视。二是由科研部门管理知识产权工作。科研部门知道知识产权是保护智力创新成果，科研部门的科研成果最需要保护，放在科研部门管理知识产权最合适。以上表明，企业对知识产权这项工作已经有了一定程度的认识。三是由知识产权专门机构在分支公司管理。企业已经意识到知识产权工作的重要作用，下决心成立专门机构、充实专业人员、专职从事研究这项工作；但认为知识产权这项工作和下属创新型公司关系密切，放在相关分支公司管理最合适。以上表明，企业对知识产权这项工作已经非常重视，但还没有上升为全公司战略高度对待。四是由知识产权专门机构直属分管领导或主要领导管理。这时，企业已高度重视知识产权工作，知识产权已经上升为全公司的核心战略、已经成为打败竞争对手、筑牢竞争优势、推动企业不断强大的有力武器。

这些层次的划分，既体现了企业开展知识产权工作程度的深浅，也体现了企业对知识产权工作认识程度的高低，还体现了企业对知识产权工作重视程度的强弱，最终也决定了知识产权在企业发挥作用的好坏。可以看到，进入最高层次的企业，已经高度重视知识产权工作，设置专门机构，直接由主要领导或分管领导亲自抓，知识产权已经护佑企业拥有了强大的核心竞争力，护佑企业取得显著的经济效益，护佑企业逐渐成为行业头部企业。希望广大企业认清自己所处的位置，不断提升企业知识产权管理的层次。

五、注重对外交流学习

知识产权这个行业，要求有很深的理论功底，但更重要的是，它是打败竞争对手的武器，是让自己更加强大的利器。因企业所处阶段不同、所处行业不同、实施战略不同、所处知识产权层次不同、所遇到的知识产权问题不同，导致企业在解决实际问题时所采用的方法不同。

为了能分享这些成功经验，有关各地、各部门、各单位也都举办了大量的沙龙、论坛、讲座、培训（以上活动是全国举办最多的行业），以给大家传授。

知识产权的实践作用，也导致这个行业是发展变化最快的行业，每隔二三年行业工作方式都有大的变化，要求从业人员要不断学习新知识，不断提高新技能，来适应不断变化的新形势、新要求。所以企业要支持知识产权管理人员走出去，学习众家之长，补自己之短，做强知识产权工作，护佑企业创造辉煌业绩。

六、奠定知识产权核心战略地位

知识产权管理人员要及时总结知识产权发生的可喜变化，

护佑企业取得的显著成绩，调整下一步工作计划等，积极向领导汇报、建议，当好企业的参谋员。

当企业发生知识产权诉讼时，知识产权管理人员要一马当先，运用扎实的专业功底，打击竞争对手，为企业赢得最大利益，当好企业的作战员。

知识产权管理人员要时时跟踪竞争对手研发创新进展，及时提供竞争对手知识产权变化情况，提出战胜竞争对手的对策、建议，当好企业的侦察员。

知识产权管理人员要清晰企业发展方向，指导企业布局占领未来技术高地，不断强大企业核心竞争力，当好企业的战略员。

通过以上管理工作，推动企业把知识产权战略上升为企业的核心战略，奠定知识产权在企业的强势地位，从而更好地发挥知识产权应有的作用，引领企业依靠知识产权实现创新发展、高质量发展。

10 专利的标准化策略

专利标准化策略指专利被写入标准成为标准必要专利，这是专利的最高追求，也是专利的最高境界，更是专利价值的最大实现。

一、为什么追求专利写入标准

国家规定，专利写入标准，除权利人声明不收取专利使用费之外，标准使用者要向专利权人缴纳专利使用费。专利使用费一般不采用固定数额一次性缴纳方式，大都根据生产数量多少核算缴纳。

若专利成为标准必要专利，专利权人则不再需要主动寻找专利使用客户，重点在于专利使用费谈判。专利成为标准必要专利就会让专利权人掌握谈判的主动权，专利使用费就具有溢价效应，这样就能给专利权人带来可观的经济效益。

专利写入标准，既体现了专利权人的创新实力，也让专利权人的专利权有了更大的用武之地。如果专利权人不许可使用专利，生产标准则不能使用，企业就不能生产；这也奠定了专利权人在行业内的地位和话语权。

二、 成为标准必要专利的条件

各行业因需要缴纳专利使用费，不欢迎专利写入标准，所以非必要情况下，专利很难写入标准，也导致专利写入标准的数量少、难度大。

专利写入标准成为标准必要专利，一般涵盖以下四类情况：一是产业基础专利，是产业更新换代的必需，如智能制造专利是实体产业智能化升级改造的基础，极易写入标准；二是代表社会发展需求的专利，如生态环境保护、碳中和方面的专利；三是标准中的空洞技术，即标准中提到的技术还没有专利申请；四是标准衍生技术，即标准对功能、安全提出要求，还没有专利申请，而又需要专利技术支撑。

另外，需要格外注意的是，标准必要专利是行业高度关注的专利，容易产生诉讼，所以必须是高质量专利。否则，经不起诉讼考验，被判定无效，将弄巧成拙、前功尽弃。

三、 标准分类及制定

从世界范围内来看，标准分为三类。一是国际标准，由国际标准化组织（ISO）、国际电工委员会（IEC）、国际电信联盟（ITU）制订的标准及国际标准化组织确认并公布的其他国际组织制订的标准；国际标准在世界范围内统一执行。二是外国标准，即由其他国家制订并认可的标准，在标准制定国本国执行。三是我国标准，分强制性标准和推荐性标准。

强制性标准一般涉及安全、环境、卫生、食品、药品、通用等技术要求，标准必须执行；推荐性标准不要求强制执行。我国标准从层次上区分为六类：一是国家强制性标准。二是国家推荐性标准。以上两类都由国务院标准化行政主管部门组织草拟、发布。三是行业推荐性标准，由国务院有关行业主管部门组织草拟、发布、报备。四是地方推荐性标准，由省级标准化主管部门组织草拟、发布、报备。以上四类标准由政府制定，侧重于保基本，技术要求普通、适用。五是团体标准，由学会、协会、商会、联合会、产业技术联盟等组织草拟、发布，企业自愿采用。六是企业标准，由企业自行制订、公布、执行。最后两类标准的制订是市场行为，侧重提高竞争力，技术含量高。

通过上述介绍可以看出，国际标准以给世界提供优质产品为出发点；团体标准侧重提升行业竞争力；强制性标准要求必须执行，以便于专利技术推广。所以，以上三类标准是专利要写入标准的工作重点、主攻方向、鲜明目标。

四、争取标准制定话语权

国家规定，制定标准部门应当组织由用户、生产单位、行业协会、科研机构、学术团体及有关部门的专家组成标准化技术委员会，负责标准草拟和审查工作。可以看出，企业既可以以单位名义参加标准技术委员会，也可以派专家参加标准化技术委员会。

　　全国企业众多，但能够参加标准化技术委员会的企业十分有限。这有限的企业一般是国有企业代表、市场份额占比靠前的民营企业代表、创新能力强的企业代表、产业集聚区企业代表、拥有全国知名专家的企业等。也就是说，绝大多数企业没有可能参加标准化技术委员会，只有在行业中有影响的极少数企业才有可能参加该组织。

　　所以企业首先要做优、做大，提升企业在行业中的影响力，让企业具备参加标准化组织的条件；其次企业还要研究国际、国内标准化技术委员会设立、建设、工作运转情况，主动靠拢，积极服务，建立联系；最后要主动向标准化委员会汇报企业情况，展现企业实力，积极承担有关工作，努力争取加入该组织或推荐本企业的全国知名专家加入该组织。

　　成功加入标准化技术委员会组织有利于企业掌握全行业发展状况、标准制修订动向、行业技术需求趋向，企业就可以围绕产业标准需求的技术开展科研，还可以把企业拥有且产业标准需求的成型技术向标准化技术委员会推荐。这样有利于本企业专利技术写入相关产业标准，成为标准必要专利。在推动产业创新发展的同时，自己也收获更大利益，实现专利最大价值，提升企业在行业中的话语权，奠定和巩固企业在行业内的优势地位。

11 专利的国际化策略

只有专利国际化，才能带动企业国际化，推动企业参与国际竞争，占领国际市场，成为强大的跨国公司。没有国际专利的企业，只能是世界工厂，为世界提供低端廉价商品，可能做大，但是永远不能做强，因为总是受制于人，难以进入产业链高端。专利国际化需要做好以下四方面工作。

一、申请国际专利，把国际领先技术布局世界

企业要坚持"产品未到，专利先行"的理念，先行向国际布局自己的专利技术，然后再把自己的产品推向国际市场，这既可以提升产品价值，助力产品打开国际市场；又能降低产品侵权风险，提高产品竞争力；还能避免因未布局国际专利但产品已投入国际市场，引起国外同行关注，核心技术被国外同行破解窃取，变通申请专利，反被起诉产品侵权，遭受打压的情况发生。

向国外布局专利，主要应面向以下国家：布局了生产企业的国家，产品销售市场目标国家；竞争对手布局生产企业的国家，竞争对手产品销售市场目标国家。

申请国际专利一般采用 PCT 国际专利申请方式，一次申请后在各缔约国则不需要再次申请；也可以单一国家申请，

适合布局少量国家的情况。

应该说，我国企业越来越认识到国际专利的重要性，申请国际专利的热情越来越高。2020 年，我国通过世界知识产权组织《专利合作条约》（PCT）框架提交的国际专利申请量达 6.872 万件，同比增长 16.1%，占国际专利申请总量 27.59 万件的 24.91%，是有史以来最高申请量；我国已连续两年蝉联 PCT 框架下国际专利申请量最多的国家。华为公司以 5464 件 PCT 申请量连续第四年成为最大申请者，十多家中国企业跻身国际专利申请前 50 名。华为公司就是凭借强大的国际专利布局，逐渐把企业变成了国际知名的通信领域大型跨国企业。❶

二、通过多种方式占有国际知识产权资源

一个人的力量是有限的，同样一家企业的力量也是有限的。企业越大需要整合资源能力越强；越是创新型企业，越需要占领更多国际知识产权资源。

1. 通过合作占有国际知识产权资源

例如，潍柴集团于 2018 年投资全球领先的固态氧化物燃料电池公司英国锡里斯动力、氢燃料电池公司加拿大巴拉德动力与加拿大西港燃料系统公司，达成 HPDI 天然气发动机战略合作，从而全面掌控商用车新能源三大核心技术。❷

---

❶ 柳鹏. 中国 2020 年 PCT 国际专利申请量继续领跑［N］. 中国知识产权报，2021-03-05.

❷ 李海燕，张国栋，赵洪杰，等. 潍柴动力，何以奔腾不息?［N］. 大众日报，2019-07-09.

2．通过购买专利技术占有国际知识产权资源

20世纪七八十年代，日本企业曾经是侵犯美国知识产权被起诉的重点；后来日本企业通过购买、引进国外先进专利技术，经过消化、吸收再创新，在美国申请了大量专利技术。现在，日本反过来频频起诉美国企业仿冒日本企业专利产品。[1]

美国是世界科技强国，从美国专利许可费数字变化可以看出，购买、许可专利技术将是社会发展趋势。在美国，1980年有30亿美元的专利许可付费，1990年达到150亿美元，到了1997年，数据不可思议地超过了1000亿美元。[2] 2015年，美国专利交易规模达到2.33亿美元。[3]

在我国，2021年知识产权使用费进出口总额为3783亿元，其中进口3022.8亿元，出口760.2亿元，较2020年分别增长16.6%、27.1%。[4] 可以看出我国购买技术和售卖技术都十分强劲。

3．通过并购占有国际知识产权资源

国外有些企业虽然创新能力很强，拥有某些方面的核心技术，但可能因其国家小、市场小，企业规模不大，尤其是欧洲有些企业存在此种情况，我国企业可以采用并购方式占为己有，为己所用。

例如，2008年一场突如其来经济危机席卷全球，重创了

---

[1] 贺化. 中国知识产权行政管理理论与实践［M］. 北京：知识产权出版社，2018：168.

[2] 吴汉东. 科学发展与知识产权战略实施［M］. 北京：北京大学出版社，2012：94.

[3] ROL Group.ROL 最新美国专利交易报告：华为小米上榜［EB/OL］.（2016-12-02）［2020-09-29］.http://www.ciplawyer.cn/.

[4] 吴珂. 新闻发布：强国建设开新局［M］. 中国知识产权报，2022-04-27（1）.

欧美经济，一家具有百年历史、拥有核心技术的船用发动机设计制造企业——法国博杜安公司订单暴跌，连年亏损。潍柴公司抓住时机，果断出手，用299万欧元买下博杜安公司，让潍柴拥有了制造船用发动机的技术和能力。同期，潍柴公司还克服重重困难，买下拥有高端液压核心技术、垄断国际叉车市场的德国林德液压叉车业务75%的股份，打破了中国企业生产高端泵车、装载机、叉车、挖掘机等液压系统完全依赖进口的局面。以上并购既让潍柴公司占有了世界知识产权资源，又助力了潍柴公司开拓国际市场，还让潍柴公司业务得到拓宽、实力得到加强。❶

4. 建设国外研发中心

例如，华为公司截至2017年4月在国外建有16家研发中心，延揽各地特有人才，突出各自研发特色。俄罗斯数学专业突出，莫斯科建有华为研发中心；法国追求时尚，巴黎建有华为研发中心；美国电信产业强大，硅谷建有华为研发中心；还有的国外中心分别突出软件、光电、无线、网络、微波、能源、广电等特色，强力占有国外优势知识产权创新创造资源。

又如潍柴公司在美国芝加哥、底特律、硅谷，德国亚琛，日本东京等全球多地设立了研发中心；研发中心无总部概念，哪里有人才就在哪里建，从而占有世界最强知识产权创造人才资源。

---

❶ 李海燕，张国栋，赵洪杰，等. 潍柴动力，何以奔腾不息？［N］. 大众日报，2019-07-09（1）.

三、积极应对国际专利纠纷、诉讼

企业遭遇专利纠纷、诉讼，说明企业在受到同行的关注，是企业做大做强的必然过程；同样，企业遭遇国际专利纠纷、诉讼，是企业变成大型跨国公司的必然历练，企业要坦然面对，积极应战。

四、培养国际知识产权人才

要实施专利国际化战略，就要拥有专利国际化人才，重点要做好三方面工作。

（1）培养人才。例如，华为知识产权专业人员在精通国内业务的前提下，都要到国外研发机构工作两年，学习当地知识产权法律法规知识和实际应用能力，解决当地研发机构知识产权问题，以期成为知识产权国际型人才。

（2）引进或聘用人才。企业既可以从高校引进知识产权高端人才，又可以从国外引进或聘请知识产权专业人才，还可以从国内涉外知识产权服务机构引进或聘请知识产权实务人才，为企业所用。

（3）锻炼人才。企业要压担子、给机会、创条件、严要求，多区域、多类别、多岗位锻炼知识产权相关人才，助力人才尽快成长，以掌握更多国际知识产权策略，更好地服务企业实施知识产权国际化战略。

12　专利的阶段性策略

根据企业掌握专利知识、重视知识产权程度、拥有知识产权数量、运用知识产权能力、支撑产业发展力度和实施知识产权战略等情况不同，将企业专利发展过程划分为五个阶段，即积累阶段、防御阶段、进攻阶段、收益阶段和开放阶段。在不同阶段，相应状况不同、理念不同、方式不同、效果不同、战略不同。要做到知己知彼，精准判断，才能运用好专利知识产权阶段性策略，推动企业向更高阶段迈进。

一、积累阶段

这一阶段重点是实现专利从无到有的飞跃。新成立的企业，一开始大多没有专利，对知识产权知识也是认识不清，更谈不上重视知识产权工作。随着企业发展、社会推动、市场竞争加剧，企业越来越认识到知识产权对企业来说不是可有可无的事情，而是必须要做的事情。

企业需要明确主管部门、安排主管人员，学习知识产权知识、了解知识产权政策，增加专利等知识产权数量，开展知识产权管理，开展知识产权保护等一系列知识产权工作。

这个阶段对企业来说，逐渐了解知识产权是什么、干什么、为什么，是知识产权知识的积累阶段；逐渐从模糊到清晰，再到重视，向加强转变，是知识产权重视程度的积累阶段；企业从重生产轻创新，到开展研发合作、建设研发机构，逐渐重视研发创新，是创新能力的积累阶段；企业从无人关注知识产权，到明确主管领导、主管部门、主管人员，增加投入，充实人员，不断强化企业组织保障，是企业知识产权组织建设的积累阶段；企业专利从无到有、从少到多、从单一到多种类转变，逐渐奠定企业知识产权实力，是专利等知识产权数量和质量的积累阶段；企业逐渐从将知识产权作为一种荣耀、向保护、向"圈地"转变，发挥知识产权作用，是知识产权运用能力的积累阶段。

积累阶段是企业必须经历的第一个阶段，企业要尽量缩短这一阶段时间，推动尽快迈入下一阶段。

二、防御阶段

只有做强知识产权才能做强企业。企业经过上一阶段积累，变得越来越有实力、越来越有影响、越来越引起同行的关注。这时，受到同行强者打压的概率增大，专利纠纷、专利诉讼时有发生。

企业要积极面对这个变化，认真应对专利纠纷、诉讼案件；不能存在听之任之、主动认输的软弱思想，要有输也要输在战场上气魄和认知。通过处理这些案件，来发现企业的短处，如专利数量不足、专利质量不高、企业创新能力不匹配企业发展战略、企业知识产权专业人才缺乏、企业没有应对方案、企业应对策略不妥、企业知识产权投入和基础设施不足等。通过处理这些案件，来学习对手的长处，如强大的创新能力、雄厚的专利实力、高水平的专业人才、运用娴熟的知识产权战略、巧妙的专利诉讼策略等。

通过处理这些案件，更深入地了解行业状况、企业现状，明确企业下一步努力方向；制定强有力的改进措施，狠抓落实，做强企业知识产权工作，做大企业市场竞争实力；学会利用知识产权作为战斗武器参与市场竞争、打败竞争对手。

三、进攻阶段

经过第二个阶段的磨炼和发展，企业知识产权工作已经变得强大，这时就要拿起知识产权武器主动出击，展示实力，打击侵权行为、打败竞争对手，扩大市场份额，推动企业实现快速发展。

华为公司凭借自己强大的专利知识产权实力，起诉过三星公司、港湾公司、康文森公司、中兴公司、捷普电子公司、黄某华等多个公司或个人，打击了非法侵权行为，维护了公司合法利益，展示了公司知识产权实力，也让公司名声越来越大。

华为公司凭借自己超前的技术、过硬的创新产品，和国内其他创新型公司共同打败了进入我国的七个国家的八家公司，分别是美国的朗讯公司、瑞典的爱立信公司、德国的西门子公司、比利时的贝尔公司、加拿大的北电公司、法国的阿尔卡特公司和日本的 NEC 公司、富士通公司；还先后打败了国内巨龙电信公司、大唐电信公司，让华为拥有了自己的地盘，在国内广袤的市场站稳了脚跟，为企业走向国际奠定了坚实的发展基础。

华为公司在开拓国际市场方面，华为先后把产品打入亚洲、非洲、欧洲、拉丁美洲等。特别是2003年的思科公司起诉华为公司专利侵权案，也被称为"世纪之讼"，华为公司凭借着强大的创新研发优势、雄厚的专利技术布局、敢打敢拼英勇斗志，通过近三年时间，虽然和美国电信市场最有名望和实力的思科公司打成平手，但是通过这一次的较量，思科公司想在全世界范围内封杀华为公司的愿望没能实现，更无法撼动华为的根基，华为公司在美国市场站稳了脚跟，大大提升自己品牌知名度，震撼了全世界的同行们。

华为公司的实力得到了世界同行认可，华为公司在全球的业务也得到了快速发展，让华为公司真正成为国际性公司，实现了华为公司的国际化战略。❶

四、受益阶段

经过第三阶段发展，企业凭借着自己强大的创新实力，通过对竞争对手的打压，已经发展成为行业的强势企业或头部企业。企业拥有核心技术、核心产品、知名品牌、强大的研发实力，并逐渐发展成为科技创新企业。

---

❶ 孙力科. 任正非传[M]. 杭州：浙江人民出版社，2017：25，108，132，144，149，154，183。

这时，企业研发需要再上一层次。需要借助全社会的智慧，联合其他研发机构，在做大应用研究的同时，侧重向基础研究深化，开拓深层次科研领域，巩固自己强大的创新优势。企业拥有大量的专利技术、雄厚的无形资产时，经营这些无形资产、获取丰厚的经济效益将是企业经营的又一个重点，也是由生产型企业向科研型企业转型的关键时期。企业可以建立行业知识产权联盟、构建行业专利池，通过买卖专利技术获利；企业可以通过技术投资入股获利；企业可以通过许可专利技术获利；企业可以凭借拥有核心部件优势，发挥知名品牌作用，分散其他部件生产，销地建厂组装，通过建设产品运营平台获利；等等。

五、开放阶段

部分巨头企业谋求在合作中竞争、在竞争中开放的专利战略模式。企业通过开放专利、向全社会共享专利技术，特别是基础性专利技术，可以降低行业的进入壁垒，激发更多企业的科研热情，提高整体产业的创新能力，对产业未来的长期发展具有很大的助力作用。

例如，2014 年特斯拉宣布开放特斯拉全部专利，鼓励所有汽车制造商都来关注、使用特斯拉专利技术。IBM 公司开放其 500 项美国专利技术。[1]百度开源开放的人工智能平台包

---

[1]　白光清，于立彪，马秋娟. 医药高价值专利培育实务［M］. 北京：知识产权出版社，2017：215.

括 Apollo 自动驾驶开放平台、飞桨人工智能开放平台等。在开源开放的环境下，百度以专利技术助力合作伙伴将创意快速落地，成功推向市场❶。

　　企业知识产权工作，通过第一个阶段打基础、第二个阶段壮实力、第三个阶段变强大、第四个阶段获收益、第五个阶段助社会，从而在推动企业实现创新发展、高质量发展以及推动企业做优、做大、做强的同时，也推动企业不断提升自己的格局，最终实现服务同行共同发展，回馈社会、奉献国家。

---

❶　吴新．百度 AI 高价值专利运用赋能产业智能化［N］．中国知识产权报，2022-04-22（27）．

13 专利的大数据策略

专利大数据蕴含十大维度信息，分别是技术、法律、市场、竞争、经济、人才、研发、战略、分类和数据。专利大数据是创新过程的导航员，是创新成果的保卫员，是创新决策的指导员，是市场竞争的战斗员，在创新过程中发挥着重要作用，是创新工作的重要工具。

运用专利大数据可以开展区域规划类导航、产业规划类导航、企业运营类导航、研发活动类导航、人才管理类导航❶等，直接服务企业、产业、区域研发创新活动，越来越得到全社会的认可和重视。

《知识产权强国建设纲要（2021—2035年）》指出，"积极发挥专利导航在区域发展、政府投资的重大经济科技项目中的作用，大力推动专利导航在传统优势产业、战略性新兴产业、未来产业发展中的应用。"

《山东省人民政府关于印发支持实体经济高质量发展的若干政策的通知》明确，"鼓励企业绘制专利、人才地图，开展知识产权专利导航，2018年10月1日起，市县级财政按照实际发生费用50%给予企业补助，最多不超过50万元。"广东省自2011年以来，省财政设立战略性新兴产业专利信息资源开发专项资金，支持广东省知识产权局组织实施"广东省

---

❶　参照 GB/T 39551《专利导航指南》划分。

战略性新兴产业专利信息资源开发利用计划"。

可以看出,国家高度重视专利大数据的应用工作,并出台具体鼓励政策,激励各方面大力开展专利大数据应用。这也要求我们要把专利大数据应用上升到战略层面,高度重视,并切实抓好专利大数据五类导航分析和分析评议等各项工作,发挥专利大数据对经济社会创新发展的情报、指导、推动、武器、工具等作用。

一、 积极开展区域规划类专利大数据导航分析

这类导航分析已经起步,但各地主动开展的积极性不高,导致这类导航数量有限。这里的区域可大可小,可以是国家,也可以是县乡,但区域不同,检索的数据量不同,开展导航分析的工作量存在较大的差距。

区域规划导航分析分为两类。一类是以区域布局为目标的专利导航分析,通过分析该区域产业数量、产业规模情况,研发机构、研发人员创新能力情况,专利数量及产业分布情况等,清晰本区域创新能力、专利分布与产业发展的匹配情况,从中看到成绩、发现问题,从而明确该区域下一步创新能力布局思路、工作措施等,并给出相应建议。

另一类是以区域创新质量评价为目标的专利导航分析,通过分析该区域重点创新主体数量、较高创新水平专利发明人数量、初次开展专利活动的企业数量,高价值专利产出情况,专利转让、许可、质押等价值实现情况,从而清楚该区

域创新竞争力情况。

通过分析每亿元研发投入专利授权量、每万人研发人员专利授权量，清楚该区域专利与科技研发实力匹配情况。通过分析企业有效发明专利占比、有专利活动企业占比、规模以上企业发明专利平均拥有量等，清楚该区域专利与企业匹配情况。通过分析战略性新兴产业有效发明专利数量、专利密集型产业发明专利数量在区域内有效发明专利占比，清楚该区域专利与主导产业匹配情况。

通过分析上述竞争力和三个匹配度指标，既可以看到成绩、也可以发现不足、还可以清楚该区域创新质量情况，从而提出下一步提升本区域创新质量思路和采取的措施，并给出相应建议。

二、大力开展产业规划类专利大数据导航分析

这类导航分析已经有了一定的基础，但区域覆盖和产业覆盖仍有很大差距，该导航分析包含三部分内容。

一是产业发展方向分析。首先，分析全球产业发展与专利布局的互动关系，包括产业技术发展历程、全球产业转移趋势、产业链结构、产业链中主要企业、产品市场竞争等与专利布局的互动关系；其次，寻找全球产业链中具有较强专利控制力的各类主体，可对专利数据与各类主体市场活动数据进行关联分析；最后，通过分析全球范围内具有较强专利控制力主体的相关活动，判断产业发展方向。所述相关活动

可包括协同创新、专利布局、专利运用和保护等情况。

二是区域产业发展定位分析。通过对比区域产业现状与全球及我国产业发展总体情况，清楚该区域产业所处位置，清晰该区域在产业结构、产业分工、企业发展、人才、技术、专利等方面的优势和不足。

三是区域产业发展路径分析。通过对比产业发展方向和区域产业所处位置，清楚该区域产业结构优化目标。围绕产业结构优化目标，清晰该区域需要培育、支持、引进的企业、研发团体、人才、技术、专利等，从而为产业的创新发展指明方向，提出建议。

三、强力开展企业运营类专利大数据导航分析

企业运营类导航分析共有 6 个种类，但企业应用种类的数量、导航分析的数量少之又少，需要强力发展。

（1）以投资并购对象遴选为目标的专利导航分析。在遴选技术领域和地域范围内，筛选具有较高创新能力的申请人，分析其技术创新能力、专利布局能力、专利运用能力等及所在企业相关信息、经营情况等，给出遴选建议。

（2）以投资并购对象评估为目标的专利导航分析。通过检索投资并购对象的发展历程、经营状况、产品状况、人员状况、科研人员状况、专利数量、专利质量、专利运营、专利纠纷、专利对产业支撑、竞争对手专利信息等，给出评估建议。

（3）以企业上市准备为目标的专利导航分析。通过核查企业专利信息准确性，核查主要研发人员入职前专利权属情况，评价企业专利技术先进性、可替代性、侵权风险、专利纠纷，评价创新能力及对企业的支撑情况，核查采购、供应、人员聘用合同专利相关内容，分析主要竞争对手专利信息等，对企业的创新实力及所面对的风险给出判断，并制定出风险应对策略和建议。

（4）以技术合作开发为目标的专利导航分析。首先对技术需求所对应的技术领域进行分解，对分解的多个技术主题进行分析，确定合作技术主题；其次通过专利分析获取该主题领域较高技术水平的专利申请人，并对该申请人有关情况进行研究；最后给出合作开发对象建议。

（5）以技术引进为目标的专利导航分析。通过专利分析，了解企业技术领域发展的重点、难点、热点技术主题；结合企业技术研发战略和产品战略，确定引进的技术主题；围绕引进技术主题，筛选相应专利技术，并分析专利稳定性、技术可替代性、技术实施依赖度等；研究专利权人有关情况，从而给出专利许可或专利转让等引进建议。

（6）以产品开发为目标的专利导航分析。通过分析产业政策、企业现状、竞争对手现状、企业所属技术领域专利分布和相关技术信息，确定企业要开发的产品；围绕企业要开发的产品所属技术领域，通过分析相关专利信息，制定开发产品所属技术主题的研发路径、研发方案、风险预警、规避措施、专利布局等，为产品开发指明方向。

四、扎实开展研发活动类专利大数据导航分析

国际知识产权组织发布了一组数据，通过专利大数据分析可降低研发经费40%，节省研发时间60%。专利大数据分析对研发创新活动作用凸显，因而也引起各研发机构和研发人员广泛关注，但应用频次和深度存在严重不足和严重不平衡现状，需要引起高度重视，需要扎实推动该项工作深入开展。

专利大数据分析既可以在研发前，指导研发立项工作；也可以在研发中，指导规避设计等工作；还可以在研发后，指导专利挖掘和布局等工作。具体情况在前面《科技研发的专利策略》中有叙述，在此不再赘述。

五、广泛开展人才管理类专利大数据导航分析

人才管理涉及社会方方面面和各部门单位，所以人才管理类专利大数据导航分析全社会各部门、各单位都需要，但是采用这种方式遴选或评价人才的氛围还没有形成，用这种方式遴选或评价人才的数量还十分有限，需要全社会广泛开展。

人才管理类专利大数据导航分析分两类：一类是以人才遴选为目标的专利导航分析，就是在明确人才遴选方向的前提下，通过检索相同方向的同族专利技术，找到具有较高创新能力水平的申请人，再对申请人个人基本情况、专利授权

情况、专利获奖情况、专利技术产业化情况等代表其技术水平的其他信息进行关联分析，提出人才遴选建议。另一类是以人才评价为目标的专利导航分析，即通过分析被评价人才拥有专利的数量、类别、国别、法律状态、保护期限等，拥有专利技术的先进性、可替代性、侵权风险等，拥有专利技术与技术需求的匹配情况等，结合人才实际情况，给出人才评价建议。

六、推动开展政府投资的重大经济科技项目专利大数据分析评议工作

《知识产权强国建设纲要（2021—2035 年）》中明确要求开展政府投资的重大经济科技项目专利大数据分析评议工作，这项工作重点包含三部分内容。

一是对政府投资引进建设的重大经济项目的"专利包"要进行专利大数据分析，掌握专利的先进程度、专利和项目的贴合程度、专利的法律状态情况等，提出评议意见。

二是对政府投资开展的科研项目，要进行专利大数据分析，掌握研发的核心技术先进程度如何、是否申请专利、申请专利数量是多还是少，是否对研发成果进行了严密的布局和保护等，提出评议意见。

三是对政府评比表彰的科研成果，要进行专利大数据分析，掌握科研成果的先进程度、转化成专利后的保护程度、专利质量的高低等。

　　通过开展这项工作，能够清楚政府投资的重大经济科技项目的专利知识产权的真实情况，避免受骗上当、给国家造成损失。例如，某市对引进项目的专利包请知识产权管理部门进行分析评议，经过专利大数据分析后，得知专利包的100余项专利技术中有近一半的专利是过期失效专利、新申请未授权专利、即将失效专利等，从而对专利包专利有了全面的了解，避免了上当受骗。

　　真正做好上述专利大数据应用工作，需要有一个认识过程，需要全社会的合力推动。随着创新型社会逐渐形成，专利大数据应用也将逐渐被人们掌握，成为推动社会创新发展的重要工具，从而也让专利大数据应用策略真正落地生根，发挥巨大作用。

14 专利质量提升策略

为贯彻国家知识产权局关于知识产权高质量发展的决策部署，大力实施专利质量提升工程，结合工作实际，总结归纳出提升专利质量的八项措施和策略，简述如下。

一、坚持理念引领，奠定专利质量提升的思想基础

理念是行动的先导，推出"四大理念"，为专利质量提升奠定思想基础。

1. 创新是企业的唯一出路

我国经济长期处于高速发展阶段，劳动力成本上升，资源环境约束增大，粗放型经济发展方式无以为继，我国经济发展已由要素驱动转变为创新驱动。通过研发创新提高产品科技含量和档次，以满足人们对美好生活的需要和经济社会发展的新变化。创新已经是企业的唯一出路，不创新的企业将是死路一条。宣传这个理念，推动企业重视研发创新，走创新发展之路，为专利质量提升奠定前提基础。

2. 知识产权是保护创新成果的唯一方法

创新成果只有转化为专利、商业秘密或其他知识产权形式才能得到保护，才能成为企业核心竞争力，否则无法保护。知识产权制度是目前国际通用的保护创新成果的最有效、最

通行的制度。宣传这个理念，推动研发创新成果转化成知识产权保护，进而创作出更多高质量专利技术。

3. 只有做大做强知识产权，才能真正做大做强企业

企业拥有核心技术、采用知识产权保护，才能形成企业核心竞争力、获取最大利益、提升行业话语权。否则，企业没有核心技术，即便规模再大，在行业中也没有话语权，永远受制于人。宣传这个理念，推动企业重视专利质量、重在做强知识产权。

4. 知识产权诉讼是做强企业的必经之路

企业由弱变强的过程中，必然会引起同行的关注和研究，甚至会引起同行挑衅和打压，从而引发知识产权较量，产生知识产权诉讼，这是企业做强的必经之路。宣传这个理念，激励企业积极面对知识产权纠纷，依靠高质量专利技术，打赢知识产权官司。

二、强化宣传引导，营造专利质量提升的良好氛围

知识产权知识及以上"四大理念"的宣传普及，是开展知识产权工作、提升专利质量的基础性、先导性工作，要紧抓不放。

1. 宣传内容成体系

要大力宣传知识产权基本知识、法律制度、政策规定、形势任务及知识产权战略实施、知识产权保护案例等内容，尤其是要宣传知识产权"四大理念"，针对不同受众满足不

同需求，努力提升全社会知识产权意识和重视程度。

2. 宣传方式多渠道

要与电台、电视台、报纸、网络等重要媒体开展合作，做到事事有宣传、周周有稿件，常常能听到知识产权知识和工作开展情况；要积极运用微博、抖音、微信公众号等新媒体宣传典型案例、先进事迹、重大成果等；要充分利用中国知识产权远程教育线上平台，对专业人员进行线上培训；要举办各种类型培训班，宣传各级相关部门出台的政策规定等；重大节日、重要节点要制作专题节目重点报道、集中宣传，最大限度提升知识产权影响力。

3. 宣传对象广覆盖

要让知识产权知识进学校、进企业、进社区、进机关、进农村、进科研单位等，宣传对象包括机关领导、干部、科研人员、企业员工、教师、学生、普通群众等群体，力争做到领导熟悉、群众了解、企业精通，在全社会形成尊重保护知识产权的价值取向。

4. 宣传重点要突出

重点加强对大专院校、科研院所、创新型企业宣传。对这些研发创新重点单位，要定期走访，当面交流宣传知识产权重大决策部署，帮助解决有关重要问题；要举办各方面的深度培训班，推动掌握更多更深层次知识产权运用技能；要定期举办知识产权沙龙、论坛等活动，既听专家传授知识，参加人员相互之间也能进行经验交流，从而增强高质量专利创造的行动自觉。

三、完善政策体系，引导专利质量提升

充分发挥政策及财政资金的引导作用，激励专利质量不断提升。

1. 资助授权高价值发明专利

2021年国家知识产权局明确了高价值发明专利的范围，并且纳入国家"十四五"规划重要指标体系；应该说高价值发明专利都是高质量发明专利，保住质量才能保住价值。政府可以出台资助政策，资助获得授权的高价值发明专利，让重视专利质量、重视专利价值的行为得到支持、激励。

2. 对高价值专利进行评比表彰奖励

政府可出台政策，每年开展专利奖项评选，根据专利质量的好坏、专利价值的大小、专利运用效益的高低，把专利区分为几个层次，授予不同等级奖项，对获奖专利进行表彰、奖励，形成重视高质量、高价值专利创造的鲜明导向。

3. 把高价值发明专利纳入考核

"每万人高价值发明专利拥有量"已纳入国家"十四五"规划重要指标体系，成为全国的重要指标，之后各级党委政府都把该项指标纳入各级考核指标，将推动各级党委政府由重视数量逐渐向重视发明专利质量、价值转变。

四、规范知识产权服务业，支撑专利质量提升

以标准化的方式对知识产权服务业进行规范，是实现专

利质量提升的有力抓手，"六个一"的标准化管理举措可以起到非常好的作用。

1. 召开一次会议

每年组织召开知识产权服务机构工作会议，学习各级最新政策规定，进行先进典型经验介绍，部署对服务机构的监管工作，要求服务机构要合法经营、提升服务水平、保障服务质量、禁止压价竞争、争创品牌服务机构。

2. 制定一个规范

重点明确没有专利代理师执业资格的人员不得从事专利代理业务；对新取得专利代理师执业资格人员要实行导师制；要建立内部学习和外出培训机制；要构建专利撰写质量查体系；要建立流程管理机制，制定岗位操作规范；要落实质量绩效考核，兑现考核奖惩，从而规范服务机构的服务行为，保障专利撰写质量。

3. 开展一次督导

每年组织一次专项督导检查，查看服务机构资质情况、代理人员持证情况、规范执行情况，并现场抽查部分代理案件质量。针对发现的问题，提出要求，限期整改，直至执法推动，督促服务机构不断提升代理质量。

4. 进行一次约谈

针对近几年来国家知识产权局不断反馈的非正常专利申请，约谈相关代理机构，督促整改存在的问题，提出建议要求；对不听警告的屡犯者，要严格执法，给予严厉打击。

5. 组织一次行动

每年按照"双随机、一公开"❶检查要求，开展"蓝天"专项行动❷，重点打击无资质专利代理行为、代理非正常专利申请行为、专利代理"挂证"行为、以不正当手段招揽业务行为等行业乱象，依法规范专利代理行为。

6. 开展一次培训

建立专利代理师数据库，每年开展专利代理师培训，培训法律政策与专利撰写要求，讲解形势变化，交流撰写经验，以不断提高专利代理师业务水平。

五、强化创新源头管理，夯实专利质量

1. 培育知识产权示范单位，让专利质量提升工作更精准

选取部分研发创新能力强的高校、科研院所、创新型企业分别争创国家、省、市知识产权示范单位，分层次、强措施，精准帮扶，指导他们创造出更多高质量、高价值专利技术。

2. 开展高价值专利培育工作，探寻专利质量提升路径

根据企业需求，针对企业"卡脖子"的技术难题，选取最有实力的科研单位、知名的知识产权服务机构，三方组成研发攻关联合体，发挥各自优势，突破技术难题，服务现实

---

❶　随机抽取检查对象、随机选派执法检查人员，抽查情况及查处结果及时向社会公开。

❷　国家知识产权局在全国部署开展的对知识产权中介服务机构进行执法检查整治的活动。

生产，从而挖掘、布局、申请专利，保护创新成果，形成高价值专利。

3. 提升专利管理人员素质，严把专利质量源头关口

倡导企业知识产权从业人员考取专利代理师资格，或聘请专利代理师从事知识产权管理工作，提升创新主体对专利挖掘、专利布局、专利撰写、专利申请、专利答复、专利授权等环节的监督把关能力，从源头把住专利质量关。

六、抓好高质量专利运营，增强专利质量提升动力

只有高质量专利才能得到有效运用，实现其市场价值。抓好专利运营转化工作，助推专利质量提升工作深入开展。

1. 开展专利质押融资工作，推动专利无形资产实现变现

在各级支持政策的推动下，专利质押融资工作已广泛开展。能实现质押融资的专利大都是和企业适配度高且企业正在使用并带来显著效益的专利，或者通过专利诉讼、纠纷，经受住考验的专利，这些都是高质量、高价值专利。

2. 推动专利技术转化实施，直接服务生产经营

专利只有使用才实现价值、发挥作用。要制定财政支持政策，支持更多企业转化实施专利技术，提升产品科技含量。

3. 建设专利运营体系，大力开展专利运营工作

由于信息不对称，高校、科研院所大量专利技术在闲置，没能发挥作用，这既是一种浪费，也不能调动科研人员积极性，迫切需要进行顶层设计，建设全国专利技术交易运营体

系，大力开展专利交易、专利许可、专利入股等运营工作，帮助高质量、高价值专利实现价值、发挥作用。

七、做实专利审查工作，把好专利质量提升关口

1. 检索实现高水平

专利检索是专利审查的基础和依据，所以检索要全面，既要检索国内专利，又要检索国际专利；既要研究专利内容，又要检索科研论文；既要掌握权利要求，又要了解科研项目。检索要精准，要精准创新点、找准关键词、用准数据库。检索要成体系，既要有技术思维，又要有法律思维，还要有系统思维等，不断提高专利检索人员的检索能力和水平。

2. 审查答复意见要严谨

有的专利申请一次审查通过，进入授权程序；有的要下发审查意见通知书，要求专利申请人员补正有关资料或答复有关问题。第一次审查意见通知书的质量往往决定整个案件的审查质量，"一通"的质量提高了，能够减少后续通知的次数，提高沟通的效率，缩短审查周期。

专利审查人员要珍惜和申请人员交流沟通的机会，摸清科技研发、专利申请、权利要求真实意图，从而有针对性地进行工作；要清楚告知需补正的资料或需答复的问题，让申请人真正理解、明白。对补正的资料或解释答复的问题，要认真研究，严格把关，做到"通过有依据，驳回有证据"。无论授权与否，要让申请人清楚原因，理解工作；也要指出

申请人员存在的问题和下一步需要努力的方向，推动申请人员不断提高自己的业务水平。

3. 质检工作要有力

要建立审查人员专利审查质量检测监督体系，完善检测监督规范，形成检测监督机制。要认真开展审查质量检测把关，守住专利质量最后关口。要制定奖惩措施，强化责任追究，奖励或追究审查人员或检测人员履行专利质量审查把关责任情况，从根本上把住专利质量审查关，倒逼专利质量不断提升。

八、积极应对专利诉讼，用实践推动专利质量提升

1. 专利诉讼是专利质量的"试金石"

发生专利诉讼案件时，对手要做的第一件事就是申请宣告诉讼涉及的专利权无效。

申请宣告专利权无效，就是通过指出专利的质量问题，请国家知识产权局再次对专利技术进行审查，给出新的结论——或是专利有效；或是专利无效；或是专利部分有效。若专利有效或专利部分有效，则诉讼继续进行；若专利无效，则诉讼停止，胜负已定。

2. 专利诉讼是专利质量的"宣传队"

专利质量的好坏决定了专利诉讼的胜负。若专利质量过关，通过无效审查专利权的全部有效，则在诉讼中就胜券在握；若专利质量不过关，通过无效审查专利权被全部宣告无

效，则必输无疑。所以通过专利诉讼更能让大家知道专利有质量才有作用，用鲜活的事例宣传专利质量的重要性。

3. 专利诉讼是提升专利质量的"助推器"

一场专利诉讼就是企业的一场知识产权战争，武器是专利技术，基础是专利质量。凡通过专利诉讼较量的企业，都对专利质量有了更深层次的认识，想尽方法保障专利质量，发挥专利作用。

随着人们知识产权保护意识的不断提升，专利诉讼案件越来越多，实践也在大力推动专利质量不断提升。专利质量提升是一个系统工程，涉及环节多、涉及单位多，需要从战略的高度谋划，既要做好顶层设计，又要建立机制、落实责任。在推进过程中要研究策略、讲究方式、形成合力，达到事半功倍的效果，从而推动全社会创造更多的高质量专利、高价值专利，也推动知识产权事业实现高质量发展。

15　科创板上市专利策略

科技进步日新月异，世界竞争日趋激烈。2019 年 7 月 22 日，科创板开市，顺应了我国贯彻新发展理念、建设创新型国家、突破技术封锁的形势需要，让科创型企业牵手金融资本，解决资金困扰，实现技术、投资、生产相融合，促进企业自发进行更大创新投入，从而插上腾飞的翅膀，有着极其深远影响。

截至 2021 年 7 月 19 日，科创板上市两周年之际，已批准科创板上市公司 311 家，募集资金数额超 3800 亿元，总市值超 4.7 万亿元；科创板上市公司专利申请总量达 10.3 万件，有效专利为 5.4 万件，其中发明专利 2.8 万件。❶亮眼的业绩，让科创板上市成为科创型企业翘首以盼的追求。

关于科创板上市对知识产权的要求、重要性、需要注意的问题，笔者从应用策略的角度简述如下。

一、科创板上市规范关于知识产权的规定

关于科创板上市政策、规范、文件有几十个，现重点介绍常用的几个。

---

　　❶　陈景秋. 资本市场改革"试验田"喜摘专利"硕果"［N］. 中国知识产权报，2021-07-21（5）.

1.《关于在上海证券交易所设立科创板并试点注册制的实施意见》

（三）准确把握科创板定位。在上交所新设科创板，坚持面向世界科技前沿、面向经济主战场、面向国家重大需求，主要服务于符合国家战略、突破关键核心技术、市场认可度高的科技创新企业。重点支持新一代信息技术、高端装备、新材料、新能源、节能环保以及生物医药等高新技术产业和战略性新兴产业，推动互联网、大数据、云计算、人工智能和制造业深度融合，引领中高端消费，推动质量变革、效率变革、动力变革。

（十三）强化信息披露监管。切实树立以信息披露为中心的监管理念，全面建立严格的信息披露体系并严格执行。明确发行人是信息披露第一责任人，充分披露投资者作出价值判断和投资决策所必需的信息，确保信息披露真实、准确、完整、及时、公平。……科创板上市公司要根据自身特点，强化对业绩波动、行业风险、公司治理等相关事项的针对性信息披露。明确要求发行人披露科研水平、科研人员、科研资金投入等相关信息，督促引导发行人将募集资金重点投向科技创新领域。

2.《公开发行证券的公司信息披露内容与格式准则第41号——科创板公司招股说明书》

第三十三条　发行人应结合科创企业特点，披露由于重大技术、产品、政策、经营模式变化等可能导致的风险：（一）技术风险，包括技术升级迭代、研发失败、技术专利许可或授权不具排他性、技术未能形成产品或实现产业化等风险；……

第五十三条 发行人应披露对主要业务有重大影响的主要固定资产、无形资产等资源要素的构成，分析各要素与所提供产品或服务的内在联系，是否存在瑕疵、纠纷和潜在纠纷，是否对发行人持续经营存在重大不利影响。

第五十四条 发行人应披露主要产品或服务的核心技术及技术来源，结合行业技术水平和对行业的贡献，披露发行人的技术先进性及具体表征。披露发行人的核心技术是否取得专利或其他技术保护措施、在主营业务及产品或服务中的应用和贡献情况。

第六十二条 发行人应分析披露其具有直接面向市场独立持续经营能力：（一）资产完整方面。生产型企业具备与生产经营有关的主要生产系统、辅助生产系统和配套设施，合法拥有与生产经营有关的主要土地、厂房、机器设备以及商标、专利、非专利技术的所有权或者使用权，具有独立的原料采购和产品销售系统；非生产型企业具备与经营有关的业务体系及主要相关资产；……（七）发行人不存在主要资产、核心技术、商标的重大权属纠纷，重大偿债风险，重大担保、诉讼、仲裁等事项，经营环境已经或将要发生的重大变化等对持续经营有重大影响的事项。

3.《科创属性评价指引（试行）》

一、支持和鼓励科创板定位规定的相关行业领域中，同时符合下列 4 项指标的企业申报科创板上市：

（1）最近三年研发投入占营业收入比例 5% 以上，或最近三年研发投入金额累计在 6000 万元以上；

（2）研发人员占当年员工总数的比例不低于10%；

（3）形成主营业务收入的发明专利5项以上；❶

（4）最近三年营业收入复合增长率达到20%，或最近一年营业收入金额达到3亿元。

二、支持和鼓励科创板定位规定的相关行业领域中，虽未达到前述指标，但符合下列情形之一的企业申报科创板上市：

（1）发行人拥有的核心技术经国家主管部门认定具有国际领先、引领作用或者对于国家战略具有重大意义；

（2）发行人作为主要参与单位或者发行人的核心技术人员作为主要参与人员，获得国家科技进步奖、国家自然科学奖、国家技术发明奖，并将相关技术运用于公司主营业务；

（3）发行人独立或者牵头承担与主营业务和核心技术相关的国家重大科技专项项目；

（4）发行人依靠核心技术形成的主要产品（服务），属于国家鼓励、支持和推动的关键设备、关键产品、关键零部件、关键材料等，并实现了进口替代；

（5）形成核心技术和主营业务收入的发明专利（含国防专利）合计50项以上。

上述规定明确了科创板上市的方向、定位、涉及的领域；明确了信息披露的责任及有关内容；明确了科创属性的认定标准等，是科创板上市涉及知识产权方面的主要规定和依据。

---

❶ 软件行业不适用该指标，研发投入占比应在10%以上。

二、知识产权是科创板上市的重要影响指标

科创板上市重点定位"硬科技"创新企业，所以要看企业科研人员素质、科研投入大小、科研成果产出，要求企业要实实在在开展科研工作。企业要通过科研工作，解决行业"卡脖子"技术问题或者拥有核心技术，这要求企业具备很强的科研水平。科研工作要提升企业核心竞争力，要让企业获得更好的经济效益，要求企业科研工作要围绕生产经营进行，要有很强的贴合度。

企业科研工作开展好坏、科研成果产出多少，重点体现在专利或者技术秘密等知识产权数量的多少；企业是否拥有核心技术、科研能力高低，重点体现在专利纠纷、专利诉讼能否成功、能否胜诉；知识产权对企业效益的影响，重点在于专利、技术秘密等与企业生产经营的贴合度。因此，知识产权是科创板上市企业的基石，是重要的影响因素。

科创板上市一周年时，在 33 家申报首次公开募股失败的企业中，竟有 17 家存在知识产权问题。❶ 截至 2020 年年底，科创板终止上市企业共 41 家，其中有 20 家涉及知识产权问题。❷ 截至 2021 年第一季度末，因各种原因终止科创板上市的企业有 121 家，上市过程中接受上海证券交易所问询时直

---

❶ 琳珊. 折戟科创板是否塞翁失马?［N］. 中国知识产权报，2020-08-07（3）.

❷ 柳鹏，黄菲，吴丹. 武汉企业靠专利预审打通"上市之路"［N］. 中国知识产权报，2021-08-13（3）.

接涉及知识产权问题的企业 56 家。❶ 从以上数字可以看出，科创板上市失败企业中，有近一半涉及知识产权问题，凸显知识产权在科创板上市中的重要作用。

北京木瓜移动科技股份有限公司、上海新数网络科技股份有限公司这两家企业，因专利申请量和专利拥有量数量不多，最终都主动撤回了上市申请。❷

科创板首批 25 家受理企业之一——安翰科技（武汉）股份有限公司（以下简称"安翰科技"），在冲刺科创板上市过程中，被重庆金山科技（集团）有限公司利用 8 件专利起诉专利侵权，由此拉开科创板专利诉讼大战序幕。受该专利侵权案件影响，安翰科技上市进程受阻，不得不于 2019 年 11 月撤回上市申请。❸

北京海天瑞声科技股份有限公司（以下简称"海天瑞声"）于 2019 年 4 月 9 日申请科创板上市，经过四轮问询后，科创板上市委员会认为海天瑞声的核心技术能力不足，会导致重大经营风险，于 2019 年 7 月 26 日撤回申请。❹

2019 年 11 月，博拉网络股份有限公司因"发明专利均从第三方受让取得……发行人披露其核心技术为自主研发及其具有技术先进性和技术优势的依据不充分"等问题而未通

❶ 赵俊翔. 科创板上"风浪"急知识产权做"基石"[N]. 中国知识产权报，2021-09-01（2）.

❷ 陈景秋. 专利诉讼成科创企业上市的"试金石"[N]. 中国知识产权报，2020-07-22（6）.

❸ 柳鹏，黄菲，吴丹. 武汉企业靠专利预审打通"上市之路"[N]. 中国知识产权报，2021-08-13（3）.

❹ 陈景秋. 专利诉讼成科创企业上市的"试金石"[N]. 中国知识产权报，2020-07-22（6）.

过上交所审核，折戟科创板。❶

科创板上市一周年时，提交注册申请的科创板拟上市企业平均专利申请量为 159 件，平均有效专利量为 85 件、其中有效发明专利量为 34 件。❷科创板上市二周年时，科创板上市公司平均专利申请量为 330 件，平均有效专利量为 173 件、其中有效发明专利量为 94 件。❸上面两组数据都远远超出科创板上市规定的专利数量。通过以上大量事例，可以看出专利在科创板上市中的重要作用，以及科创板上市企业对专利创造的重视程度，从而使申请科创板上市企业的专利出现了量质齐升的局面。

三、科创板上市企业需注意三个方面专利问题

科创板上市企业专利工作这么重要，那么企业应该怎样做好上市过程中知识产权工作呢？笔者认为主要应做好以下三个方面的工作。

1. 做好知识产权审核问询答复工作

科创板上市实行的是注册制，重点依靠拟上市企业按有关规定自行披露企业有关情况，上市委员会通过审核问询企业披露的有关问题，监督、把关、审批拟上市企业上市资格。

---

❶ 陈景秋. 重新"交卷"通关，专利谜团待解［N］. 中国知识产权报，2020-06-03（7）.

❷ 刘仁. 科创企业乘风破浪勇闯知识产权关［N］. 中国知识产权报，2020-07-22（6）.

❸ 陈景秋. 资本市场改革"试验田"喜摘专利"硕果"［N］. 中国知识产权报，2021-07-21（5）.

所以审核问询是重要的监督措施，拟上市企业答复好坏将直接影响企业能否上市成功。有统计，几乎所有科创板拟上市企业都被审核问询过知识产权问题，平均每家企业涉及知识产权问询达 2.3 轮，有的长达 4 轮以上。❶ 审核问询的知识产权问题有以下 5 个问题：

（1）专利的来源。科创板上市委员会对近期交易的专利要问询购买原因；对核心研发人员入职、离职、竞业禁止、带入的专利要问询有关情况，质疑产权界定及是否存在侵权风险；对联合研发专利要问询合同签订情况、专利创造数量，质疑产权、使用权界定；对近期快速授权的专利要问询情况，质疑是否有拼凑科创属性；对核心研发人员、身份、工作情况、奖励待遇情况进行询问，质疑研发人员稳定性等。

（2）专利的先进性。具体问题包括：哪些专利申请了国际专利，为什么；哪些专利形成了专利群，核心专利是哪一个；哪些专利技术实现了产业突破或产品进口替代化；哪些研发成果转化为技术秘密保护，为什么；核心技术发展和迭代情况怎样，有什么研发计划；等等。

（3）专利与主营业务的关联度。具体问题包括：哪些专利应用于主营业务，分属于设备、工艺、检测、用途等哪个环节；和同行比各有哪些优势，发生了什么变化；等等。

（4）专利保护情况。具体问题包括：该技术申请了多少同族专利；发明、实用新型、外观设计专利数量分别是多少，

---

❶ 刘仁. 科创企业乘风破浪勇闯知识产权关［N］. 中国知识产权报，2020-07-22（6）.

布局了哪些国家；是否存在专利纠纷、无效、诉讼等情况，原因是什么，进展怎样；等等。

（5）专利运营情况。具体问题包括：专利质押了哪些，融资多少；专利许可是普通许可、排他许可还是独占许可；专利池建设情况；知识产权运营收益情况；等等。

答复以上问询需要坚持以下原则：一是要坚持实事求是原则，不说谎、不造假，秉持诚信态度，经得起现实检验；二是要据理力争，通过摆事实、讲道理，争取使企业通过上市。

例如，上海芯龙半导体技术股份有限公司在被问询上市前突击授权专利事项时，该公司举例已上市的上海霍莱沃电子系统技术股份有限公司、深圳英集芯科技有限公司、合肥晶合集成电路股份有限公司都存在类似问题，据理力争。❶

企业应根据以上被问询的 5 个问题，早做功课，抓实知识产权工作，争取对被问询的问题有理想的答复，努力实现拟上市时被问询的问题越少越好。

2．应对好知识产权纠纷诉讼

科创板拟上市企业在申请上市过程中，容易引发"专利阻击战"，发生专利诉讼案件，重点在于以下三个方面的原因：一是竞争对手担心对方企业上市成功，竞争实力增强，更不利于其企业的发展；二是有的专利权人想获取更高的专利许可收益，这是谈判的最佳时机；三是有的专利权人想要蹭热度，提高自己的知名度、影响力。

---

❶ 梵高. 科创板"严查"上市前"突击"授权专利，上海芯龙半导体被两连问［EB/OL］.（2022-01-13）［2022-01-18］.https://www.sohu.com/a/516277944-120133310.

科创板拟上市企业专利纠纷诉讼案件有的发生在上市前、有的发生在上市后，大部分发生在上市过程中。应对好这些专利纠纷诉讼案件，有助于展示企业在专利应诉、专利无效、专利分析和尽职调查等方面的硬实力，为监管方和投资者的信心增加筹码，使监管方和投资者相信企业强大的创新实力和应对突发诉讼的坚定决心和能力；反之，应对突发诉讼也是对企业创新能力、知识产权运用能力、执行能力的鉴定和考验。应对好专利纠纷诉讼就要做到以下四点。

一是知己知彼，有备而来。企业在上市之前要开展知识产权评价，分析专利的稳定性，发现不足，补齐短板；要开展专利预警分析，找出侵权风险点，制定应对方案；要分析竞争对手专利布局、竞争优势等有关情况，判断可能会出现的事情，准备好应对措施。

上海晶丰明源半导体股份有限公司（以下简称"晶丰明源"）原定于 2019 年 7 月 23 日接受科创板上市委员会审核，由于收到矽力杰半导体技术有限公司（以下简称"矽力杰"）发起的专利诉讼，被迫取消上市审议，上市进程一度被延缓。就在晶丰明源被起诉后的第四天，矽力杰主张专利侵权的三件专利之一就被国家知识产权局宣告专利权全部无效。据了解，晶丰明源早在其提出上市申请之前，于 2019 年 1 月就已经针对涉案专利提出了无效宣告请求，并进行了充分的风险排查。晶丰明源凭借严密的知识产权布局和扎实的知识产权工作基础，为后来成功上市做足了功课。❶

---

❶ 陈景秋. 专利诉讼成科创企业上市的"试金石"[N]. 中国知识产权报, 2020-07-22（6）.

二是提前化解，防患于未然。例如，汽车智能诊断企业深圳市道通科技股份有限公司（以下简称"道通科技"）在科创板上市之前就着手解决与主营业务相关的专利纠纷诉讼，先后采用和解的方式进行解决与美国福特、德国大众、元征科技等公司的知识产权纠纷诉讼，累计支付和解费用超过一亿元人民币。在处理和大疆公司无人机专利纠纷案件中，采取剥离无人机业务的方式解决。❶ 由于事前化解了这些风险，道通科技于 2020 年 2 月成功登陆科创板上市。

三是积极应对，化危为机。例如，苏州敏芯微电子技术股份有限公司（以下简称"敏芯公司"）于 2019 年 11 月首次申请科创板上市，在此前后歌尔股份有限公司（以下简称"歌尔公司"）4 次向敏芯公司提起专利侵权诉讼，主张敏芯公司 7 个编码的产品侵害歌尔公司 9 件专利权利。其间，歌尔公司还 3 次提起权属诉讼，主张敏芯公司 6 件发明人为梅某欣、唐某明的职务发明的专利权归属歌尔公司。敏芯公司称遭受了"专利阻击战"，之后分别以"恶意诉讼""不正当竞争"为由在北京、苏州起诉歌尔公司。敏芯公司在第二次招股说明书中表示，已初步取得的结果及外部证据证明发行人败诉风险很小；专利诉讼即使败诉，因诉讼专利不涉及发行人主要资产或核心技术，对发行人财务报表影响小，不会影响发行人持续经营能力。最终敏芯公司科创板上市成功。❷

再如，2019 年 7 月 29 日，深圳光峰科技股份有限公司（以

---

❶ 陈景秋. 专利诉讼成科创企业上市的"试金石"[N]. 中国知识产权报，2020-07-22（6）.

❷ 刘仁. 敏芯再次上会冲刺 IPO[N]. 中国知识产权报，2020-06-03（7）.

下简称"光峰科技")收到广州知识产权法院送达的涉台达公司3件专利侵权起诉状,当天光峰科技迅速采取反制措施,先是针对涉案3件台达公司专利向国家知识产权局提出无效宣告请求;随后提起10起专利诉讼,直指台达公司专利侵权;紧接着光峰科技就台达公司持有的美国专利和中国同族专利向美国弗吉尼亚东区联邦地区法院和深圳市中级人民法院提起权属纠纷诉讼。❶ 通过积极应对专利诉讼案件,光峰科技公司展现了自己公司的创新实力,没有因为专利诉讼影响公司市值,反而让公司的优势越来越明显。

四是承认受挫,东山再起。科创板上市专利纠纷诉讼也是对企业科创能力和知识产权应用能力的检验鉴定,可以让企业看到差距、不足、问题。企业要有正视现实、正视问题的魄力和胸怀;要主动撤回申请或等待上市委员会退回申请;要有强弱项、补短板、重整行装再出发的决心和意志。

从已经发生的专利诉讼情况看,有惊无险最终通过审核实现科创板上市的企业本身已经构建起有效的科研体系,并对科研成果进行专利布局,形成一张强有力的专利保护网,不仅对自身的核心产品构筑起专利体系,而且对竞争对手的产品和专利也从专利侵权和无效方面进行了比较深入的研究,做到了知己知彼。

反观那些暂时止步科创板大门或者即使成功上市后却股价下跌的企业,大都是没有成熟完备的专利体系,受到专利

---

❶ 陈景秋. 经受冰与火的考验,科创企业方露锋芒[N]. 中国知识产权报,2020–10–28(5).

侵权诉讼攻击后基本上毫无还手之力。仓促提起的专利无效宣告申请也大都限于时间紧迫而无法找到足够有说服力的对比文件，专利无效程序流于形式。相信这些知识产权的沉痛教训，一定能给企业带来深思和启发。

3. 扎实做好企业知识产权工作

一是做强企业科技研发工作。有统计，科创板上市企业2019年研发投入占营业收入比例超过12%，科研人员占比超过30%。企业要加大投入，要广揽科研人才，激励科研人员创造更多科研成果，突破行业或产品关键核心技术，努力提升企业核心竞争力。❶

二是重视知识产权布局。企业要围绕科研活动，开展专利挖掘，形成严密的专利布局体系，保护好创新成果；要提高专利撰写质量，高度重视专利审查答复，创造更多的高质量专利，提高专利稳定性；要综合运用专利、商标、著作权、商业秘密等多种类知识产权工具，增强企业创新成果整体保护能力。

三是做实知识产权工作。企业要把知识产权全类别、全节点、全流程嵌入企业知识产权管理工作。全类别是指企业知识产权管理要覆盖专利、商标、著作权、商业秘密等知识产权全类型；全节点是指把专利、商标、著作权、商业秘密的每个环节、每个节点都进行管理；全流程是指要将知识产权管理工作嵌入到人力、行政、采购、生产、研发、销售等

---

❶ 刘仁. 科创企业乘风破浪勇闯知识产权关［N］. 中国知识产权报，2020-07-22（6）.

企业生产经营的各个部门和各个环节，从而扎扎实实做好企业知识产权基础工作，提升知识产权应用能力。

四是认真做好知识产权大数据分析。企业要通过大数据分析明确自己的研发重点、布局策略，搞好专利布局保护；要通过大数据分析掌握竞争对手技术优势、技术布局、研发方向，做到知己知彼；要通过大数据分析做好规避设计，避免侵权风险。

只有日常做好这些知识产权基础工作，运用好上市的一系列策略，拟上市企业才能做到有的放矢、得心应手、过关斩将，成功登陆科创板上市。

多类型知识产权
应用策略指导思想

进入新发展阶段，贯彻新发展理念，推动经济发展的动力，已经由原来的要素驱动变成创新驱动。作为保护创新成果的知识产权已更加重要，多类型知识产权单独发挥作用或集聚综合发挥作用已更为凸显，也推动着多类型知识产权运用策略深入实施。

上级领导参观中国（东营）知识产权保护中心展示大厅。

2019 年 11 月 8 日，东营市知识产权局在中国（东营）知识产权保护中心培训室对专利预审备案企业进行培训。

商标在企业中的四个主要作用

从事产（商）品经营或从事服务行业就要注册商标，是因为商标在企业中还具有以下四大重要作用：宣传作用、承载作用、保护作用、资产作用，并且有些作用不可取代。如果企业不注册商标，将影响上述作用的发挥，不利于企业健康发展。

一、商标宣传作用

企业设计注册商标一般会考虑企业所在地域、企业名称、企业理念、企业愿景、企业生产经营服务等特点，让商标具有显著性，实现商标和企业的一一对应。商标具有直观性，便于人们关注、记忆，如苹果公司"啃了一口的苹果"商标标识、海尔集团"拼音和两个小孩"商标标识，让人过目不忘。人们通过关注商标也逐渐关注企业，经常看到商标也就经常想起企业，因此，商标具有宣传企业的作用。

二、商标承载作用

企业宏伟的发展愿景、美好的发展历程、良好的经营业绩、诚信的企业形象、优秀的文化积淀、丰硕的荣誉奖励等这些积极的、正向的商誉由企业和商标承载（对外重点由商标承载）；同样企业负面的、消极的、不健康的行为也是由企业和商标承载。如果企业和商标承载的负面东西多，企业就不能长久，商标也失去意义；只有企业和商标承载的正向商誉多，企业才能长久，商标才会知名。商标承载的正向商誉越多，商标就越知名，越能成为"商标品牌"，进而给企业带来溢价效应，所以知名的商标品牌承载企业光辉的发展历程。

三、商标保护作用

有的企业，经营思想不端正，走捷径、傍名牌，致使假冒商标品牌现象大量存在。2020 年全国市场监管系统查处商标违法案件 3.13 万件；其中，商标侵权假冒案件 2.96 万件，案值 7.65 亿元，罚没金额 6.78 亿元。2020 年全国法院系统新收商标民事案件 7.8157 万件，基本审结，同比上升 19.86%；审结假冒注册商标罪案件 2260 件，同比上升 5.9%；销售假冒注册商标的商品罪案件 2528 件，同比上升 10.93%；非法制造、销售非法制造的注册商标标识罪案件 395 件。❶ 从以上数字可以看出，我国现阶段假冒商标品牌现象还比较猖獗，特别是商标品牌越知名，被侵权假冒风险越高；《民法典》《刑法》《商标法》对商标侵权假冒行为都有明确的制裁

---

❶　国家知识产权局. 二〇二〇年中国知识产权保护状况（之一）[N]. 中国知识产权报，2021-04-28（8）.

措施，职能部门也在加大打击制裁的力度。随着商标违法惩罚性赔偿制度实施，人们拿起法律武器打击商标侵权违法行为、保护商标的意识逐渐强化，商标的保护作用得到较好的发挥。

四、商标资产作用

商标是企业的无形资产，并且企业越知名，商标品牌价值越大，如 2021 年权威部门公布的腾讯公司商标品牌价值达 2409.31 亿美元❶。随着知识经济占比不断提高，无形资产的作用越来越凸显，无形资产在企业资产中的占比越来越高。发挥商标无形资产价值，可以对商标进行估值，用商标使用权入股企业；可以对商标进行转让、许可变现；可以向银行进行商标质押，获得银行贷款，2020 年全国商标质押贷款额度为 442.14 亿元；❷ 可以通过增信等措施开展证券化，发行债券等，从而最大限度发挥商标资产价值作用。

商标宣传作用可以让企业更知名，商标承载作用可以让商标变成商标品牌，商标保护作用可以增强企业核心竞争力，商标资产作用可以把企业优势转化为经济效益。因此，企业要大力实施商标品牌战略，充分发挥商标在企业中的四个重要作用，助力企业知名度不断提升，推动企业实力不断增强，从而助推企业不断取得更好的经济效益。

---

❶ 全球百强排行榜出炉　中国品牌价值超越欧洲［N］. 参考消息，2021-06-23（6）.

❷ 王国浩，王晶. 全国商标质押融资金额超 440 亿元［N］. 中国知识产权报，2021-02-10（7）.

地理标志产品保护
管理逐渐得到强化

地理标志产品又称原产地域产品，是指产自特定地区，所具有的质量、声誉或其他特性本质上取决于该产地的自然因素和人文因素，经审核批准以地理名称进行命名的产品。2018 年全国机构改革后，对地理标志产品的管理发生了变化，并逐渐得到强化。

一、2018 年全国机构改革前地理标志产品保护管理情况

改革之前，我们国家由原国家质量监督检验检疫总局、原国家工商行政管理总局、原农业部三个部门开展地理标志产品保护管理工作，虽然依据不同、侧重点不同、措施不同，但基本上是从事的一项工作。

1. 原国家质量监督检验检疫总局管理情况

原国家质量监督检验检疫总局的管理依据有《中华人民共和国产品质量法》《中华人民共和国标准化法》《中华人民共和国进出口商品检验法》等，主要操作规范是《地理标志产品保护规定》。

原国家质量监督检验检疫总局的主要要求有如下四方面：

一是申请者自愿申请。由当地县级以上政府指定的地理标志产品保护申请机构或政府认定的协会、企业提出地理标志产品保护申请，并征求相关部门的意见。二是要上报原国家质量监督检验检疫总局审批。申请单位要提交"有关地方政府关于划定地理标志产品产地范围的建议，有关地方政府成立申请机构或认定协会、企业作为申请人的文件，地理标志产品保护申请书，地理标志产品名称、类别、产地范围及地理特征的说明，产品的质量特色及其与产地的自然因素和人文因素之间关系的说明，产品生产技术规范（包括产品加工工艺、安全卫生要求、加工设备的技术要求等），产品知名度，产品生产、销售情况及历史渊源的说明，拟申请的地理标志产品的技术标准"等原国家质量监督检验检疫总局要求的上报材料。要先报省级质量技术监督检验检疫部门初审通过，再上报国家总局审批。三是要满足条件给予审批。上报材料要达到原国家质量监督检验检疫总局的标准要求，申请地理标志保护产品的质量检验要由省级部门指定的检验机构承担。符合上述条件才给予审批，否则审批不予通过。四是获批地理标志保护产品还要申请登记使用全国统一的地理标志专用标志获得保护。要提交地理标志产品专用标志使用申请书、由当地政府主管部门出具的产品产自特定地域的证明、有关产品质量检验机构出具的检验报告，经省级部门审核、原国家质量监督检验检疫总局审查合格注册登记后，发布公告，生产者即可在其产品上使用地理标志产品专用标志，获得地理标志产品保护。

2. 原国家工商行政管理总局管理情况

原国家工商行政管理总局的管理依据有《商标法》《中华人民共和国商标法实施条例》；主要操作规范是《地理标志产品专用标志管理办法》《集体商标、证明商标注册和管理办法》。

原国家工商行政管理总局的主要要求有以下三方面：一是申请者要具备相关条件，并申请地理标志集体商标注册或地理标志证明商标注册。申请者以地理标志作为集体商标申请注册的，应当附送主体资格证明文件并详细说明其所具有的或者其委托的机构具有专业技术人员、专业检测设备等情况，以表明其具有监督使用该地理标志商品的特定品质的能力；申请证明商标注册的，应当附送主体资格证明文件并应当详细说明其所具有的或者其委托的机构具有的专业技术人员、专业检测设备等情况，以表明其具有监督该证明商标所证明的特定商品品质的能力；申请以地理标志作为集体商标、证明商标注册的，还应当附送管辖该地理标志所标识地区人民政府或者行业主管部门的批准文件；以地理标志作为集体商标、证明商标注册的应当在申请书中说明该地理标志所标识的商品的特定质量、信誉或其他特征，该商品的特定质量、信誉或者其他特征与该地理标志所标识的地区自然因素和人文因素的关系，该地理标志所标识的地区范围。二是申请者获准地理标志集体商标或证明商标注册后，准许使用原国家工商行政管理总局发布的地理标志产品专用标志。地理标志产品专用标志是原国家工商行政管理总局商标局为地理标志产品设立的专用标志，用于表明使用该专用标志的产品的地理标志已经原国家工商行政管理总局商标局核准注册；地理标志产品专用标志应与地理标志集体商标或证明商标一同使用，不得单独使用；地理标志产品专用标志注册人应对地理标志产品专用标志使用人的使用行为进行监督。三是由地理标志集体商标或证明商标注册人进行监督管理。如果地理标志集体商标、证明商标注册人没有对该商标的使用进行有效管理或者控制，致使使用该商标的商品达不到其使用管理规则等要求，其要承担责任；证明商标的注册人不得在自己提供的商品上使用该证明商标。

3. 原农业部管理情况

原农业部的管理依据有《中华人民共和国农业法》《中华人民共和国农产品质量安全法》；主要操作规范是《农产品地理标志管理办法》。

原农业部主要要求有以下三方面：一是原农业部对申请农产品地理标志实行登记制度。县级以上人民政府根据以下条件择优确定农民专业合作经济组织、行业协会等组织作为农产品地理标志登记申请人：①是否具有监督和管理农产品地理标志及其产品的能力；②是否具有为地理标志农产品生产、加工、营销提供指导服务的能力；③是否具有独立承担民事责任的能力。二是申请地理标志登记的农产品要满足相关条件。申请地理标志登记的农产品应当符合以下条件：①称谓由地理区域名称和农产品通用名称构成；②产品有独特的品质特性或者特定的生产方式；③产品品质和特色主要取决于独特的自然生态环境和人文历史因素；④产品有限定的生产区域范围；⑤产地环境、产品质量符合国家强制性技术规范要求。三是农产品地理标志登记要经过原农业部审核批准。由省级农业主管部门先初审通过，然后再上报原农业部评审，评审通过后向社会公示，公示无异议的由原农业部作出登记决定并公告，颁发《中华人民共和国农产品地理标志登记证书》，该证书长期有效。

综上所述可以看出，三部门管理大同小异。相同点如下：一是要求地理标志产品保护的申请主体都要经过当地政府认可、同意；二是对于认定的客体都有相同的要求，大都要求是农产品及其加工品；三是都需要行政部门把关、上报，最终由国家部门审批；四是获批后都是使用各部门统一设计的标志，以示国家认可和保护。不同的是：原国家质量监督检验检疫总局对产品把关严格，获批后相关部门对专用标志使用实施监管；原国家工商行政管理总局事先通过地理标志商标注册，获批后就可使用专用标志，由商标注册人对专用标志使用进行监管；原农业部是对申请人提出较高要求，获批后就可使用专用标志，申请人对专用标志进行监管。

二、2018 年全国机构改革后地理标志产品保护管理情况

1. 国家知识产权局工作情况

2018 年国家机构改革之后，国家批复国家知识产权局"三定"方案中的第三条"（二）负责保护知识产权。拟订严格保护商标、专利、原产地理标志、集成电路布图设计等

知识产权制度并组织实施。组织起草相关法律法规草案，拟订部门规章，并监督实施"。可以看出，原国家质量监督检验检疫总局承担的地理标志产品保护职能和原国家工商行政管理总局承担的地理标志商标注册和专用标志管理职能全部划转到国家知识产权局。

2020 年 4 月 7 日，国家知识产权局公布《地理标志专用标志使用管理办法（试行）》，要求"地理标志保护产品和作为集体商标、证明商标注册的地理标志使用地理标志专用标志的，应在地理标志专用标志的指定位置标注统一社会信用代码。……地理标志保护产品使用地理标志专用标志的，应同时使用地理标志专用标志和地理标志名称、并在产品标签或包装物上标注所执行的地理标志标准代码或批准公告号。……作为集体商标、证明商标注册的地理标志使用地理标志专用标志的，应同时使用地理标志专用标志和该集体商标或证明商标，并加注商标注册号……"从而实现了原来两家国家总局各自使用的地理标志专用标志，合二为一，变成使用一种统一的地理标志专用标志，实现了整合。

2021 年 2 月 10 日，国家知识产权局办公室印发《国家地理标志产品保护示范区建设管理办法（试行）》，其中规定"示范区是指以国家知识产权局认定的地理标志为对象，具有较大产业规模、较显著社会经济效益、较高保护水平，制度健全、机制完善、管理规范，产品特色鲜明、知名度高，对国内地理标志保护起示范、引领、推广作用的保护地域"。

国家地理标志产品保护示范区（以下简称"示范区"）建设遵循三个原则：坚持高标准建设；坚持高水平保护；坚持

高质量发展。

示范区有五项主要任务：一是夯实保护制度，引领协同推进；二是健全工作体系，引领特色质量；三是加大保护力度，引领水平提升；四是强化保护宣传，引领意识提升；五是加强合作共赢，引领市场开拓。

通过示范区建设，强化当地政府监督管理责任，严格国家地理标志产品生产的条件和措施，保障国家地理标志产品的质量和信誉，提升国家地理标志产品的优势和影响，从而保护好国家地理标志产品，服务好当地经济社会发展。

2. 农业农村部工作情况

2018年国家机构进行改革在原农业部的基础上组建国家农业农村部，原农业部取消。新设立的国家农业农村部"三定"（定职能、定机构、定编制）方案中与农产品地理标志有联系的职能表述有"指导乡村特色产业、农产品加工业、休闲农业和乡镇企业发展工作，提出促进大宗农产品流通的建议，培育、保护农业品牌""农业农村部设下列内设机构：……（十）市场与信息化司。编制农业农村经济信息体系、全国大宗农产品市场体系建设规划。承担农业品牌建设有关工作"。从以上表述可以看出，新组建的农业农村部只具有农业品牌的培育、保护、建设工作职能，但自始至终没有出现"地理标志""农产品地理标志登记"文字。这说明改革后，新组建的农业农村部已经没有农产品地理标志登记管理职能。但是，"三定"方案也没有明确这项职能转给哪个部门，机构改革后的一段时间内，农业农村部仍在开展这项工作。据基层反映，农业农村部从2022年第二季度起，停止了农产品地理标志登记管理工作。

3. 商务部门工作情况

2019 年 11 月 6 日，中国商务部部长与欧盟农业委员共同签署《关于结束中华人民共和国政府与欧洲联盟地理标志保护与合作协定谈判的联合声明》，宣布自 2011 年开始、历时 8 年时间的中欧地理标志保护与合作协定谈判结束，中欧地理标志产品互认保护即将开始。

首批"中欧 100+100"地理标志产品互认保护将在该联合声明生效后开始，100 种我国的地理标志产品将有权使用欧洲的官方认证标志，有利于获得欧洲消费者的认可；同时 100 种来自欧盟国家的地理标志产品也将更加顺利地进入中国市场。同时，第二批"中欧 175+175"项目在未来 4 年里分批实施，到 2024 年，中欧双方将各有 275 项具有地区特色的地理标志产品纳入该联合声明保护的体系。❶ 这将进一步推动中欧地理标志产品合作，密切经贸联系，扩大地理标志产品的国际认可度和影响力。

三、下一步改革建议

《知识产权强国建设纲要（2021—2035 年）》第三大部分"建设面向社会主义现代化的知识产权制度"中的"（四）构建门类齐全、结构严密、内外协调的法律体系"

---

❶ 中新社国是直通车. 中欧正式签署中欧地理标志协定意味什么 [EB/OL].（2020-09-15）[2022-01-25]. https://www.zhihu.com/question/421135702/answer/1474728548.

中要求"根据实际及时修改专利法、商标法、著作权法和植物新品种保护条例，探索制定地理标志、外观设计等专门法律法规，健全专门保护与商标保护相互协调的统一地理标志保护制度，完善集成电路布图设计法规"。可以看出，对地理标志产品保护管理，国家已经给出明确的意见，我们需要尽快抓好贯彻落实。

1. 制定地理标志产品保护法

地理标志产品保护重要的是实现由一个部门进行管理，做到统一管理、统一规范、统一标志、统一监督；避免政出多门、管理不一致。否则，既浪费行政资源，也增加企业的负担。像"西湖龙井""日照绿茶"等地理标志产品那样，分别取得了"地理标志保护产品""地理标志证明商标""农产品地理标志认证"三个资质认可，企业需要在包装上印制三个专用标志，无疑给企业带来繁重的负担。

2. 汇集现有管理工作经验做法

地理标志产品保护这项工作，原国家质量监督检验检疫总局、原国家工商行政管理总局、原农业部都制定了健全的管理规范，并且都多年开展着这项工作，积累了十分丰富的工作经验。国家制定地理标志产品保护法律法规时，要借鉴这些已有的经验做法，以便工作连续开展。

3. 要实现地理标志产品和地理标志证明商标双保护

要严格地理标志产品保护条件，以保障产品品质，做到名副其实；要落实当地政府监督管理责任，协调解决保护中的困难和问题；要建立申请人责任主体地位，发挥申请人监督管理责任；要规范审批部门监管责任，强化行政监管；要规定将地理标志集体商标或证明商标注册前置，实现地理标志保护产品国家认可和地理标志商标双认可、双保护，从而做到管理更规范、产品更可靠、保护更有力。

知识产权的六大重要特性 *

　　知识产权的私权性、保护性、布局性、资产性、公开性、工具性等六大特性是知识产权最鲜明的特性，也是知识产权发挥作用最大的特性，并且每一个特性内涵丰富、运用深邃、作用巨大。

一、知识产权私权性能够最大程度调动创新创造人员的积极性

　　知识产权具有排他性：一方拥有，另外一方就不能拥有；未经权利人许可、同意，任何组织和人员都不得拥有或使用他人的创新成果，是一种私权利。

　　当前大力实施知识产权强国战略，建设知识产权强国，就要旗帜鲜明地保护这个私权利，要让知识产权权利人有名、有利、有地位，从而最大限度调动创新创造人员的积极性、主动性，进而创造出更多的创新成果以推动我国经济社会创新发展。

　　要让知识产权权利人有名，就要在全社会形成尊重知识产权创新创造的浓厚氛围；就要在单位、社会、国家设立知

---

　　* 该篇文章发表在《中国知识产权报》2021年6月9日第5版。

识产权权利人表彰奖项，隆重表彰、宣传有突出贡献的创新创造权利人；就要以权利人的名字命名一些创新创造成果等，提高创新创造人员的知名度。

要让知识产权权利人有利，就要制定出台知识产权权利人奖励政策，给创新创造人员物质激励；就要落实知识产权权属分配机制，让创新创造者拥有产权、使用权，获得期权、股权，获得经济收益分成，分享创新成果带来的经济效益，充分体现知识产权价值；就要严厉打击侵权违法行为，保护权利人合法权益不受侵犯。

要让知识产权权利人有地位，就要在先进评选、人才选拔、职称晋升、各级荣誉称号评选等方面，把知识产权当作重要指标；就要在升学、入职、评选奖项、争取资源等方面，把知识产权当作主要指标，从而不断提升知识产权权利人的社会地位。

二、知识产权保护性是知识产权制度的根本

创新成果只有转化成知识产权，才能受到保护，但是并不是转化为知识产权就一定能起到保护作用。相反，如果不掌握这里面的知识，有的权利人既公开了创新成果，又得不到保护，教训十分深刻。想用知识产权保护，就要做到以下几点。

第一，要撰写、挖掘、布局好专利技术。要选取专业的、高水平的专利代理机构，切忌为了节省代理费用，而选取不

专业的、水平一般的代理机构；要认真了解研发过程，切实把握创新成果精髓，合理概括、扩大保护范围，独立权利要求仅需必要特征，从属权利要求要形成合理梯度；要建立技术研发人员、专利代理人员、知识产权管理人员参加的监督验收机制，严把知识产权代理质量。专利挖掘要围绕技术研发的流程，从研发规划、研发立项、项目研发、产品测试、生产上市全过程、全环节挖掘创新点。要结合创新成果和市场竞争情况，采取路障式布局、城墙式布局、地毯式布局、围栏式布局、糖衣式布局等策略；要有核心专利、外围专利、迷惑专利、保护专利等，要运用这些专利策略保护好创新成果。

第二，要综合运用多种类知识产权进行保护。技术研发要通过申请专利进行保护。要申请商标注册，承载企业商誉。自主形成的作品、开发的软件还可以用著作权进行保护。有些软件作品既可以申请著作权，又可以申请专利，进行双层保护。有些技术创新还可以用商业秘密进行保护。有些外观设计既可申请外观设计专利，还可申请商标注册，进行双层保护。综合运用知识产权保护职能，加大创新成果保护力度。

第三，通过知识产权运营进行保护。行业里的强势、主导企业可以建立知识产权联盟，定期研究企业创新发展、错位发展、创新成果保护等工作；可以聚集优势企业专利建设产业专利池，集中开展专利许可、专利转让等运营工作，以获取较好的经济收益；可以集中研讨保护策略、集体应对各种风险和挑战，从而更好地保护知识产权不受侵犯。

第四，通过法律手段进行保护。在我国知识产权保护实行二元体制，一是司法保护，二是行政执法保护。行政执法保护程序简单、方便快捷、成本低、用时短，越来越受到大家的欢迎；司法保护严肃、权威，国际采用较多。在我国现阶段还可以采取仲裁方式、行政裁定方式、纠纷调解方式等解决知识产权侵权纠纷，多途径保护知识产权权益人的合法权益。

三、知识产权的布局性能够帮助企业布局未来技术

笔者认为知识产权布局可以分为技术布局、产业布局、国外布局、未来布局等。

技术布局，是指围绕核心技术，通过布局核心专利、外围专利、迷惑专利等严密保护创新成果，让其他人员不能侵权、不敢侵权；通过不断创新、不断布局，从而让自己引领技术创新，始终处于优势地位。

产业布局，重点针对新开发产品拥有的原创技术情况。要从产品研发、设计、原料、设备、工艺、检测、使用等各个环节，挖掘技术创新点，申请专利进行保护，以实现对这一新开发产品全环节、全过程的保护和控制。其他企业不经过专利许可、转让，想模仿生产新开发产品都难以实现。这样新开发产品只有创新企业自己生产，就实现了垄断生产、垄断经营的目的，从而让创新企业获得丰厚的利润。

国际布局，是指企业如果想把自己的产品推向国际，占领国际市场，就要将自己的核心技术申请国际专利，从而保

护自己的产品在国际上不受侵犯，保护自己企业的优势在国际上不被取代，让企业逐步走向国际、不断做大做强。

未来布局，是指针对产业发展方向，开展研发原创技术，布局未来专利，做到使用一批、储存一批、研制一批，把产业未来技术布局全面，使自己始终处于优势位置，从而引领产业发展、主导产业发展，获取丰厚利益。

四、知识产权资产性能够让知识产权获得可观经济效益

随着知识经济在经济发展中占比不断提高，有形资产作用越来越弱化，知识产权等无形资产的作用越来越凸显。例如，青岛啤酒的品牌价值已达 1792.85 亿元；❶上市企业每增加一件专利授权，工业企业可实现 0.24% 的年销售额的增加，可增长 608 万元市值。❷

五、知识产权公开性让知识产权大数据可以更好地服务经济社会发展

知识产权制度是以公开换取保护，也就是说人们的创新成果要想用知识产权保护就要向社会公开，这样知识产权大

---

❶ "匠心青岛"展现品牌力量［N］. 大众日报，2021-05-12（10）.
❷ 龙小宁. 实证研究发现　知识产权带来业绩增长［N］. 中国知识产权报，2021-04-23（3）.

数据也是向社会公开的。

知识产权大数据是人类社会智慧的宝藏，对其进行分析利用，有利于创造知识产权、布局知识产权；有利于分析风险，规避风险；有利于认识发展现状、竞争优势、存在不足、发展方向。

六、知识产权的工具性提醒人们要学会使用这个工具以增强自己的竞争优势

知识产权是制度，更是参与市场竞争的工具。创新成果只有转化成知识产权才受保护，否则不予保护，所以知识产权是保护创新成果的工具；谁的知识产权数量多、质量高，谁的创新能力就强，就有优势，所以知识产权是检验创新能力的工具；知识产权受侵犯时，权利人可以拿起法律武器打击侵权违法行为，要求经济赔偿和制裁，所以知识产权是打击侵权违法的工具；等等。

运用知识产权这些工具职能，参与市场竞争，不断提升自己的竞争实力。

认识并运用好知识产权六个特性能让自己在激烈的市场竞争中如鱼得水，不断培植自己的优势，锻造自己始终立于不败之地的坚固根基。

企业的竞争最终是知识产权的竞争

"企业的竞争最终是知识产权的竞争",这是某市某知名企业家说出的一句话。这既是体会,又是经验,还是真理,体现了企业家敏锐的眼光、前瞻的思考、精辟的总结,这确实也道出了经济社会发展的趋势和规律。

一、我国已进入创新型国家发展阶段

2017年10月18日,党的十九大报告中,"加快建设创新型国家"。2020年10月29日,在党的十九届五中全会审议通过的《中共中央关于制定国民经济和社会发展第十四个五年规划和二〇三五年远景目标建议》中指出,"坚持创新在我国现代化建设全局中的核心地位,把科技自立自强作为国家发展的战略支撑"。

现在,我国在胜利实现第一个百年奋斗目标,全面建成小康社会,向着全面建成社会主义现代化强国的第二个百年奋斗目标迈进的新征程中,创新已经摆在了经济社会发展的第一位。建设社会主义现代化强国,创新是整个发展过程的底色,建设创新型国家是党和国家的共同意志。

诚然,在进入新发展阶段、贯彻新发展理念、构建新发展格局、实现高质量发展的过程中,在党和国家一系列大政方针的指引下，在国家出台的一系列政策措施调整下，创新正成为国家的高度自觉。

全社会研发投入不断增加：2018 年全社会研发投入超 1.9 万亿元、2019 年超 2.2 万亿元、2020 年超 2.4 万亿元。基础研究投入与日俱增：2018 年基础研究经费首次突破千亿元大关，2019 年达到约 1336 亿元，2020 年达到 1504 亿元。❶

2021 年 8 月 10 日，日本文部省研究所发布的报告显示，在受关注度高的科研论文篇数上，中国已经首次占据首位，不仅在研究的量上，在质上也迅速崛起。美国斯坦福大学的报告说，从刊登在学术杂志上的人工智能相关论文引用率看，2020 年中国的占比达到 20.7%，首次超过美国（19.8%）。❷

世界知识产权组织发布《2021 年全球创新指数报告》，中国排名第 12 位，是中等收入经济体唯一进入前 15 名的国家，连续 9 年排名上升，由 2013 年 35 位，上升到 2021 年年底第 12 位。

2021 年中国 PTC 国际专利申请量为 6.95 万件，超过美国的 5.96 万件，第三次蝉联世界第一；华为公司 PTC 国际专利申请量为 6952 件，连续五年世界排名第一；共有 13 家中国企业进入全球 PCT 国际专利申请人排行榜前 50 位。中国共有 19 所高校进入全球教育机构 PCT 国际专利申请人排行榜前 50 位，为上榜高校数量最多的国家，美国位居第二，位

---

❶ 于佳欣，谢希瑶，胡喆，等. 青山遮不住［N］人民日报，2021-09-22（16）.
❷ 生川晓，松添、亮甫. 中国向"世界第一科学大国"冲刺［N］. 参考消息，2021-08-12（15）.

列前 50 位的上榜高校有 18 所。❶

笔者于 2021 年下半年走访了东营市联系密切、发展较好的 17 家工业企业。这些企业笔者已一年多没有去过，这次去又看到了可喜的变化。这 17 家企业，除一家和大学合作依靠大学研发外，其他 16 家企业都建有自己的研发机构，独立开展或和大学合作开展研发。其中，有 2 家企业建有独立的研究院，研发人员在 200 人左右；有 5 家企业新建设了研发大楼；新增 1 家企业聘请专利代理师管理知识产权工作（原有 1 家）；企业发展强劲，有 1 家企业产值实现翻番，有 1 家企业实现扭亏为盈。这次走访调研，看到了企业由要我研发到我要研发的转变，企业意识到了研发工作的重要性，研发投入加大，研发质量提升，保护科研成果措施强化，企业的效益越来越好。

以上多方面的信息告诉我们：创新在我国逐渐形成氛围，创新驱动发展战略逐步落地实施，创新型国家建设正在加速起势。

二、知识经济快速发展

知识经济亦称智慧经济，是指建立在知识和信息的生产、分配和使用基础上的经济。知识经济有以下特性：知识经济是促进人与自然协调、持续发展的经济，它能科学、合理、

---

❶ 国家知识产权局政务微信. 2021 年我国 PCT 国际专利申请再次蝉联全球第一 华为连续［EB/OL］.（2022–02–10）［2022–06–23］. http://www.cnipa.gov.cn/art/2022/2/10/art_53_173154.html.

综合、高效地利用现有资源，同时开发尚未利用的资源来取代已经耗尽的稀缺自然资源；知识经济是以无形资产投入为主的经济，知识、智力、无形资产的投入起决定作用。

与依靠物资和资本等生产要素投入的经济增长相区别，现代经济的增长越来越依赖于其中知识含量的增长，知识在现代社会价值的创造中其功效已远远高于人、财、物这些传统要素，成为所有创造价值要素中最基本的要素。

可以看出知识经济范畴包括科技研发产业、设计产业、文化版权产业、软件信息产业、数字经济、商标品牌经济、互联网、大数据、云计算、人工智能、区块链技术等。科技研发产业、设计产业、文化版权产业、软件信息产业是智慧成果产出的源头，是知识产权创造的源头，是我国产业结构调整的主攻方向，是提升核心竞争力、满足人们美好生活需要、建设生态文明社会、降低碳排放、减少污染物，建设富强、美丽中国大力发展的产业。数字经济、商标品牌经济，是我国经济实现高质量发展的最佳经济发展方式。其中，数字经济于 2020 年实现产值 39.2 万亿元，占国内生产总值的 38.6%，对我国国内生产总值增长的贡献率已达到 50%，对经济建设的作用凸显、亮眼。❶ 互联网、大数据、云计算、人工智能、区块链技术等，日益融入经济社会发展各领域、全过程，正在成为重组全球要素资源、重塑全球经济结构、改变全球竞争格局的关键力量。

---

❶ 陈奥，吴丛司. 工业互联网释放"数字红利"［N］. 经济参考报，2021-07-01（5）.

可以看出，技术、信息、数字这些知识要素，是我国经济发展中最活跃的要素，是决定经济发展质量的关键要素。知识经济在我国已实现大力发展，发展势头强劲，将成为我国经济实现高质量发展的主要方式，将在我国经济社会建设中发挥越来越重要的作用。

三、越创新越需要更加重视知识产权

随着创新型国家建设的深入推进、全社会创新氛围的形成，将有大量的创新成果形成，如果不保护好这些创新成果，将严重影响创新创造者的积极性，不利于创新型国家建设。

创新成果的保护在于加强知识产权的保护，将创新成果要转化成专利技术、集成电路布图、版权、商业秘密加以保护。这些创新成果只有转化为知识产权，才能变成企业的核心竞争力，为企业带来实实在在的利益。否则，不提升企业核心竞争力，就不能给企业带来应有的经济效益。就像我国诺贝尔奖获得者屠呦呦科学家，研制的青蒿素类药物，虽然挽救了全球数百万人的生命，在治疗疟疾方面发挥了巨大作用，因那时我国专利制度不完善，没有申请专利保护，我国没有获得经济利益，反而美国在我国研制的基础上又进行深化，申请了专利，获得了经济利益。这件事情，应引起我们的深思。

所以，越是创新，越要更加重视对知识产权的保护，形成良性循环，激发更大的创新活力。《知识产权强国建设纲要（2021—2035 年）》部署在全国开展知识产权强国建设；《"十四五"国家知识产权保护和运用规划》细化"十四五"时期知识产权强国建设措施，加快知识产权强国建设步伐。党和国家出台一系列知识产权方面的政策、措施，也表明了越重视创新，越要更加重视知识产权工作的鲜明导向。

四、知识经济让知识产权成为重要的生产要素

有专家学者总结美国是"三片"经济发展模式，即以"芯片"代指高科技产品为代表的研发经济，以"薯片"代指肯德基、麦当劳为代表的品牌经济，以"碟片"代指文创产业为代表的版权经济。用"三片"比喻美国经济发展方式是非常贴切的。

"三片"经济发展方式，让美国占领了产业链、价值链的最高端，从而收获高额利润；"三片"经济发展方式，让美国拥有了大多数高科技产业核心技术，能够限制、制裁、打击其他国家经济发展，强化了美国优势；"三片"经济发展方式，是绿色生态的最佳发展方式；"三片"经济发展方式，是知识经济的典型模式，是专利、商标品牌、版权、集成电路布图、商业秘密等知识产权变成主要生产要素的经济发展方式，更彰显了知识产权在知识经济发展方式中的重要作用，这也是美国高度重视知识产权工作的原因。

知识经济的发展，让企业的资产构成发生了根本性改变。原来企业有形资产值钱，现在企业无形资产越来越值钱。

可以看出，随着创新型社会形成，随着知识经济发展壮大，知识产权保护创新的作用更加凸显；知识产权越来越成为经济社会发展最先进、最活跃、最有价值的生产要素；知识产权越来越成为推动经济社会高质量发展的主要力量；知识产权越来越成为全世界争夺的重要资源和热点；知识产权越来越成为企业的核心竞争力、企业发展的决定性因素。所以，将来企业之间的竞争最终是知识产权的竞争。

多类型知识产权
运用策略

品质、品位、品行"三品"的长期积淀，让商标变成商标品牌；从相关人员、保密技术、涉密设备、涉密场所、建立机制五个方面管理入手，做好商业秘密保护；支持体系、产业体系、监督体系、服务体系四大体系支撑地理标志强农富农；"六线工作法"开展知识产权质押融资；从用知识产权提升核心竞争力、使商标变成商标品牌，专利成为标准必要专利、企业数字化改造四个方面发力，保障企业高质量发展；多类型知识产权保护、运用，推动企业成为世界一流企业。这些多类型知识产权运用策略，既是社会的关切所在，也是社会的热点，本章重点回应了这几个方面的社会关切。

"商标"上升为"商标品牌"策略

企业如果从事产品经营或从事服务行业就要注册商标，这便于体现法人思想、企业理念、商品产地，也有助于凸显商品、服务特点等。

将商标变成商标品牌是企业的努力方向也是社会的共同期望。商标怎样才能上升为商标品牌，是企业的战略问题、也是企业的策略问题，企业应重点做好以下三个方面的工作：一是保证产品品质；二是适合消费者品位；三是注重企业品行，从而推动商标上升为商标品牌。

一、企业要保障产品的质量

企业要坚持质量第一的理念，严把原料质量关，为生产高质量产品奠定物质基础；要采用先进工艺、智能设备、严格标准进行生产，保证生产质量；要配备先进、准确的检测设备对产品的质量进行检测，保障不合格产品不允许出厂；要重视产品售后服务工作，解决消费者的后顾之忧，让消费者获得满意体验；要开展质量体系认证，建立产品质量保证的工作体系，全流程开展全面质量管理；要培养工匠人才、培育工匠精神，让企业形成精益求精的良好氛围；要加强内部管理，形成奖优罚劣的体制机制。长此以往，为产品争创品牌、商标争创商标品牌奠定坚实的质量基础。

二、企业产品要适合消费者的品位

企业生产产品最终是要卖给消费者，所以产品要满足消费者需要，适合消费者品位。但是，消费者的需求和品位是随着社会进步和人们富裕程度不断发展而变化的，这就要求企业要不断创新，从而适应人们不断变化、发展的新需求。

第一，企业要重视技术创新。技术创新是企业的根本，拥有自主知识产权核心技术，才能生产出具有独特优势的产品，才能更好地保证产品质量，进而不断提高劳动生产效率，提升企业竞争实力，最大限度满足消费者需求。

第二，企业要重视理念创新。当企业发展到一定规模，就会发生质变，原有的管理理念将不再适应企业现状，而需要引进新的理念，如职业经理人制度、混合所有制改革、股份制改革、合伙人制度改革等。通过理念创新，推动企业不断成长。

第三，企业要重视管理创新。企业管理制度每隔十年就要自我否定，不断创新，逐渐建立现代企业制度。例如，海尔公司由人本管理转变成扁平化管理、创客管理、工业互联网管理等，通过管理创新不断适应进步的社会和变化市场。

第四，企业要重视模式创新。随着互联网、大数据、人工智能快速发展，万物实现互联互通，有的企业实现智能生产；有的企业发展网络电商，通过线上和线下销售产品；有的企业实现工业互联网；有的企业实现平台经济发展。例如，青岛啤酒已建成观光品尝分厂，并大力发展时尚啤酒吧，生产生物健康饮料等，通过不断创新经营模式，来满足人们的消费升级和变化，从而适应激烈竞争的市场。❶

第五，企业要重视文化创新。科技在发展、社会在进步、人员在变化，作为凝聚共识、鼓舞斗志的企业文化，要随着社会、形势、人员的变化，不断创新变化，从而最大限度调动员工的积极性、主动性、创造性。

三、企业要不断厚重自己的品行

做企业和做人一样，要从小事做起、从自身做起，注重修养、注重形象、注重品行，重点是做好以下三个方面的工作。

一是对待客户要诚信。企业对客户要真心实意、公平公正，做到童叟无欺、不欺行霸市；要想客户之所想、急客户之所急，服务周到，物有所值；要讲诚信、谋长远，以一流的产品和服务赢得客户信赖。

二是对待职工要敬重。企业对职工要常怀感恩之心，感谢他们为企业创造价值；要关心爱护职工，优先保障他们的合法利益不受侵犯；要搭建平台，创造条件，让职工实现自我价值，不断成长进步，从而让职工做到视厂为家、以厂为荣，事事处处为企业着想。

---

❶ 百年青啤焕新路 中国品牌跃迁时［N］. 大众日报，2021-05-21（9）.

　　三是对待社会要尽责。企业要积极履行企业社会责任，严格履行纳税义务、认真保护生态环境、扎扎实实抓好安全生产工作；要热心公益，济贫救苦，不断提升企业员工思想境界；要守法经营，积极进取，不断做大做强企业规模；要有家国情怀，尽力为国家分忧解难，事事处处为中华振兴作出贡献。

　　另外，随着企业、商标知名度不断提升，企业要重视注册商标的国内、国际布局，抓好注册商标保护，防止遭到非法侵权。企业还要重视注册商标宣传使用工作，不断让消费者了解、认识、关注自己的企业和商标，消费企业生产的产品或提供的服务。企业还要由内到外、由近到远、由行业到社会，不断得到消费者的认可、获得消费者对企业生产的产品或提供的优质服务的赞许。长此以往、长久坚持这些做法和策略，企业的商标就可逐渐变成商标品牌，让企业的商标品牌战略真正落地实施。

商业秘密保护策略

没有专利的生产经营单位有很多，但没有商业秘密的却不多。但是，据统计在我国大多数企业的商业秘密都不能得到很好保护，很重要的原因是单位不知道怎样保护商业秘密。商业秘密是知识产权的一个种类，在全社会重视知识产权保护的大环境下，商业秘密的保护工作越来越引起人们的关注。

《反不正当竞争法》第九条明确了商业秘密的概念、种类（主要包括技术信息和经营信息两类）、侵犯商业秘密的不正当竞争行为等。《刑法》第二百一十九条明确了"侵犯商业秘密罪"。2020 年 8 月 24 日通过的《最高人民法院关于审理侵犯商业秘密民事案件适用法律若干问题的规定》对商业秘密的民事审理进行规定。另外，还有的地方颁布了商业秘密保护管理的地方标准等。应该说商业秘密保护的规定越来越明确，侵犯商业秘密的制裁措施越来越有力，关键是企业怎样执行这些规定，抓好商业秘密保护工作。企业商业秘密一旦遭受侵权，怎样拿起平常开展工作的证据进行维权，打击侵权行为，把损失降到最低。结合国家有关规定和日常工作经验，笔者认为商业秘密保护工作主要体现在以下五个方面。

一、抓好人员管理工作

做好商业秘密保护，企业要管理的人员共 10 类，其中企业内部 5 类，分别是商业秘密创造人员、商业秘密管理人员、商业秘密使用人员、企业管理层人员、普通员工；企业外部 5 类，分别是供货商、客户、合作者、参观者、执法者。首先，对企业内部人员要签订合同，其中包含保密条款；对企业内部除普通员工之外的 4 类人员和企业外部供货商、客户、合作者 3 类人员要签订商业秘密保护协议；对企业内部商业秘密创造人员、商业秘密管理人员、管理层人员要签订竞业限制协议；对企业内部商业秘密创造人员、商业秘密管理人员、企业外部合作者必要时还要进行背景调查。通过对以上人员实施分级分类及接触权限管理，针对承担责任的大小，签订不同的合同（协议），从而明确各自应承担的保密责任。

其次，企业要制定培训计划，对企业内部商业秘密创造人员、商业秘密管理人员、商业秘密使用人员、管理层人员及企业外部的合作者进行商业秘密保密培训。培训可以采用集中培训方式进行，也可以采取发放含商业秘密保护要求的章程、制度、有关材料方式进行，还可以采取直接告知方式等。培训要制作记录，重点是签到记录。通过培训让上述人员知道怎样保护商业秘密，以及侵犯商业秘密应承担的责任、后果等，以增强做好商业秘密保护工作的行动自觉。

最后，要对有关人员执行商业秘密保护制度、合同、协议情况进行检查。有关人员离岗时，该收回的材料、设施要收回，该告知的法律、规定、制度要告知，抓好脱密及后续管理工作。

让有关人员知道其应承担的保密责任，了解保密的范围，掌握保密的要求，认真落实好各项保密措施，才能为做好商业秘密保护工作奠定坚实的基础。

二、强化对商业秘密的管理

首先，要清晰商业秘密的保护范围。商业秘密分为技术信息和经营信息两类，其中技术信息包含科研设计、原料、配方、工艺、参数、设备、设施、算法、数据、软件等信息；经营信息包含人事、财务、管理、营销、创意、客户等信息。

其次，要公布单位商业秘密目录，让员工知道有哪些商业秘密需要保护。

再次，商业秘密如已经总结成文字可以发文保存的，要明确文件密级、保密期限等内容；要实行专人管理，独立存放；借阅使用这类文件要经过领导审批，进行借阅登记，用完后要及时收回。

商业秘密保存在计算机或 U 盘上的，要对计算机或 U 盘进行加密处理；要有专人管理，独立存放；使用这些计算机或 U 盘上的商业秘密，要经领导审批，要进行登记和解密处理，用完后该收回的要收回，该删除的要删除；储存商业秘密电子文档首页、页眉、页脚等设置保密义务提醒。

商业秘密管理、使用要坚持明示原则，让使用者使用时就能看到保密提醒，知晓要做好保密工作，否则要承担失密责任。

三、重视和商业秘密相关联的设备、设施的管理

与商业秘密相关联的设备、设施包含研发设备、设施，检测仪器、设备，生产设备、设施，备用设备、设施等，这里重点研究与商业秘密关联度高的计算机设备管理，其他设备、设施管理包含在场所管理部分。

涉商业秘密计算机的管理要做到以下几方面：一是要有专人管理，独立区域放置；二是要抓好网络安全管理，防止网络破坏；三是要实行口令管理，设置使用账号和密码，发放要审批、登记，限制使用简单密码，必要时应不定期更改密码，输错密码一定次数锁定账户等；四是要实行权限管理，不同的岗位人员赋予不同的登录权限；五是要实行痕迹管理，运用信息技术手段记录日常计算机使用情况。

对涉密计算机除采取以上措施外，还要按照场所管理的要求进行管理，只有这样才能最大程度做好涉密计算机保护工作。

四、抓好涉密场所的管理

和技术信息有关的场所包括科研设计场所、实验室、应用车间、储存室、原料库、配件库等；和经营信息有关的场

所包括人事室、财务室、管理室、储存室等。

对涉密场所重点采取物理隔离的方式进行管理。进出上述场所要设置资格条件，没有资格的人员不得随意进出这些场所；涉密场所进出口处要有明示的警示语，让进出人员知道进入保密区，禁止摄像、拍照、录音等行为；没有资格的人员进出这些场所要审批、登记，对其告知注意事项，必要时要跟踪监督；对进出人员要实行留痕管理，记录他们在场所的过程等。

五、建立商业秘密保护的体系机制

首先，要明确分管领导、管理部门、管理人员，建立起商业秘密管理组织体系。其次，要坚持商业秘密保护的专业管理、分级分类管理、明示管理原则，区分不同情况，采取不同措施。再次，要建立商业秘密管理制度体系，应包含商业秘密保密制度、商业秘密使用管理制度、政务商务活动商业秘密管理制度、商业秘密遭受侵权应急处置制度、商业秘密维权救济制度、商业秘密培训制度、离岗人员脱密管理制度、商业秘密监督检查制度等。最后，关键的是要加大制度措施执行的监督检查力度，保障有关规定执行到位，落到实处。

通过建机制、抓重点、强细节、严明示、重落实，提高员工对商业秘密保护工作重视程度，提升员工对商业秘密进行保护的工作能力，齐心协力做好单位商业秘密保护工作，维护单位核心竞争力，保障单位持续健康创新发展。

地理标志强农富农
支撑体系建设策略

2018 年地理标志产品保护和地理标志证明商标划归国家知识产权局统一管理后，国家知识产权局先后出台了《地理标志专用标志使用管理办法（试行）》《国家地理标志产品保护示范区建设管理办法（试行）》《地理标志保护和运用"十四五"规划》等，加大了对地理标志保护产品和地理标志证明商标的监督管理力度，推动地理标志产品质量和社会影响实现双提升。另外随着人们消费水平的不断提高，对健康食品的高度关注，人们越来越认可地理标志产品。近年来，我国开展的精准扶贫、乡村振兴和全面建成小康社会等一系列重大战略部署，让农民看到了地理标志产品在农产品品牌建设和农民增加收入方面所发挥的巨大作用，发展地理标志产品逐渐变成了农民发家致富的主要抓手。由此可见，地理标志强农富农的作用越来越凸显，人们对地理标志产品、产业的发展也越来越重视。建设地理标志强农富农支撑体系以加快地理标志产品和产业发展主要有以下四个方面的策略。

一、建设政府主导的支持体系

地理标志产品所具有的质量、声誉或其他特性本质上取决于该产地的自然因素和人文因素。受自然因素和人文因素影响被认定的地理标志产品，只能产自该地，不能产自其他地方。

政府应履行以下六个方面职责，支持地理标志产业发展。

一是当地政府要成立组织、落实机构，明确管理人员；要制定培育、申请地理标志产品保护或地理标志证明商标的工作计划；要制定大力发展地理标志产业的发展规划；要给予资金支持；要将地理标志产业发展纳入重要议事议程，做到有人、有措施抓好这项工作。

二是要选准、选强"地理标志产品保护"或"地理标志证明商标"申领机构，保障申领机构重视这项工作，热心为千家万户做好服务，具备监督管理的条件和能力，能够按照有关规定认真做好监督管理工作。

三是要积极组织开展各项争创活动，如争创"地理标志产品保护示范区"。通过开展争创活动，落实地理标志管理有关规定，规范地理标志管理措施，保障地理标志产品质量，提升地理标志品牌声誉，打击地理标志侵权违法行为，促进地理标志产品、产业快速、健康发展。

四是推动、支持制订地理标志产品生产种植标准、产品加工标准、质量检测标准等系列标准，并推动这些标准在当地贯彻实施，从而保障地理标志产业规范生产。

五是推动、支持地理标志产品、产业健康、快速发展。要规划园区或示范区，推动集约发展；要扶持龙头企业发展，发挥龙头企业带动作用；要解决农户生产困难，调动农户生产积极性；要举办展会、交易会，宣传地理标志产品，扩大地理标志产品销售渠道；要支持电商平台建设，扩大线上销售规模等，从而推动地理标志产品、产业快速发展，更好地发挥地理标志富农强农作用。

六是推动、支持地理标志监督管理和执法保护工作。要支持、推动监管职能部门履行职责、大胆管理，严格检查、保障国家地理标志有关规定、各项标准规范得到贯彻落实；要开展地理标志产品质量监督抽检工作，发现质量违法案件，打击质量违法行为；要开展地理标志品牌侵权执法工作，保护地理标志品牌不受侵犯，从而监督、保障地理标志产品质量、维护地理标志品牌声誉。

二、发展市场主导的产业体系

近年来，各地大力发展地理标志产业，并结合各地实际情况创造了一批支撑产业发展的产业体系，都取得了很好的效果，总结这些产业体系，需要抓好以下四个方面的工作。

一是抓好有关标准制定，实现地理标志产品规范生产。《地理标志产品保护规定》第十七条明确规定："拟保护的地理标志产品，应根据产品的类别、范围、知名度、产品的生产销售等方面的因素，分别制订相应的国家标准、地方标准或管理规范。"第十条规定，申请人应提交的资料包括"产品生产技术规范（包括产品加工工艺、安全卫生要求、加工设备技术要求等）"。从以上规定可以看出，地理标志产品必须要制定标准或规范，内容必须包括产品加工工艺、安全卫生要求、加工设备技术要求。各地结合当地产品和具体情况不同，还可以制定一些标准，从而规范、统一地理标志产品生产、加工、储运、包装、销售等一系列生产行为，保障产品质量稳定性和产品一致性，维护地理标志品牌声誉。

例如，相关部门针对浙江龙井茶先后制定发布了以下标准、规范：《地理标志产品龙井茶》（GB/T 18650—2008）、《龙井茶加工技术规程》（DB 33/T239）、《龙井茶机械手工组合操作规程》（DB 3301/T1085）、《龙井茶（西湖产区）地理标志产品国际化运用管理规范》（DB 3301/T1066—2016），还制订了"龙井茶（钱塘产区）""龙井茶（越州产区）"标准实物参考样，并通过浙江省茶叶标准化技术委员会组织的专家审定，为加强龙井茶质量管理提供了技术支撑。❶

例如，河北晋州鸭梨，获得地理标志产品保护和地理标志证明商标"双重认证"，先后制订了《地理标志产品 晋州鸭梨》《梨储藏保鲜技术规程》地方标准和《晋州鸭梨地理标志及专用标志使用规范》团体标准等，将建立覆盖"种植—管理—收获—包装—储存"全过程的晋州鸭梨地理标志保护制度规范体系，保障晋州鸭梨品牌声誉。❷

二是建设园区、基地、示范区等，实现集约生产、规模生产。

例如，宁夏针对贺兰山东麓葡萄酒地理标志产品保护，规划建设了贺兰山东麓葡萄酒产业园区，大力发展贺兰山葡

---

❶ 陆德彪，周竹定，郝国双，等. 地理标志证明商标使用管理的实践与探索——以龙井茶为例[J]. 中国茶叶，2019.

❷ 苏悦，孙振磊. 地标春风吹燕赵绿意浓[N]. 中国知识产权报，2022-03-23（4）.

萄酒产业。❶

"绥德石雕"被核准注册为地理标志证明商标后，陕西绥德县加快打造中华雄狮园、国家石雕文化产业示范园区，将发展地理标志产业与盘活文化旅游资源相结合，推动绥德石雕成为引领区域经济发展、助力乡村振兴的重要产业。❷

甘肃礼县苹果于 2010 年获批地理标志产品保护，2020 年核准注册地理标志证明商标。礼县近年来坚持以标准化果园建设为依托，大力实施"优果"工程，创建了一批科技示范园，先后被评定为甘肃省无公害苹果生产示范基地县、国家 A 级绿色农业示范基地，有力推动了区域苹果产业规模化发展。❸

浙江象山县素有"中国柑橘之乡"美誉，2017 年"象山柑橘"被核准注册为地理标志证明商标。近年来，象山县委托浙江大学中国农业品牌研究中心编制象山柑橘区域公用品牌战略规划，以公用品牌为基础，开展商标布局，着力构建"象山柑橘"品牌体系；积极创建国家象山柑橘公用品牌培育提升标准化示范区，深入挖掘地理标志产品资源优势和品牌特色，带动产业壮大发展。❹

三是产业融合，龙头企业带动，推动全产业链发展。各地围绕地理标志产品保护或地理标志证明商标，形成了"保

---

❶ 田书明. 宁夏规范葡萄酒地理专用标志使用［N］. 中国知识产权报，2022-11-03（4）.

❷ 苏悦. 绥德石雕：点石成"金"雕刻美好［N］. 中国知识产权报，2021-11-03（4）.

❸ 党海文. 秦皇故里飘果香［N］. 中国知识产权报，2021-11-10（4）.

❹ 郭学斌. 橘子红了　日子甜了［N］. 中国知识产权报，2021-12-22（4）.

护一个产品、带动一批企业、做强一个产业、富裕一方百姓、推动一方发展"的工作思路，实现了产业融合，产业发展模式得以创新，以上可以总结概括为："地理标志＋龙头企业（生产、加工、储藏、运输、销售等）＋合作社＋基地（家庭农场）＋用户＋文旅＋科研"等，推动地理标志产业实现标准化、专业化、产业化、规模化、数字化发展。

例如，四川阿坝藏族羌族自治州围绕红原牦牛奶地理标志产品，组建起"企业＋合作社＋家庭农场＋农户"的新型农业组织联盟，积极打造现代高原特色深度体验农业园区，初步实现了产业融合发展。如今，红原牦牛奶产业化生产每年带动2.3万余户牧民实现增收7亿元，户均增收达3万元。❶

山东平阴县的平阴玫瑰获准注册地理标志证明商标后，成立平阴玫瑰产业协会，采用"协会＋企业＋合作社＋农户＋科研＋旅游"产业发展模式，先后开发了玫瑰茶、玫瑰化妆品、玫瑰精油等130多个产品，初步打造了医药、化工、香料等玫瑰系列产品产业链，打造了"玫瑰花乡"田园综合体、"花养花"玫瑰小镇等特色文旅项目。通过发展玫瑰文旅，平阴玫瑰的影响力越来越大，又反向带动了玫瑰系列产品的销售，实现良性发展。全县玫瑰种植面积达6万多亩，获授权使用地理标志证明商标的企业达16家，有种植专业合作社43家，全产业链综合产值达60亿元。平阴玫瑰品牌价值27.92亿元。通过大力发展平阴玫瑰地理标志产业，带动

---

❶ 李杨芳. 解锁"川味"地标背后的风味密码［N］. 中国知识产权报，2021-11-10（4）.

平阴花农增收致富，平阴玫瑰成为当地打开乡村振兴之门的"金钥匙"。❶

四是重视研发创新，放大地理标志资源、品牌价值。地理标志产业有地理资源优势、商标品牌优势，如果能再插上科技的翅膀，将如虎添翼。

例如，广东省江门市新会陈皮获批国家地理标志保护产品。2021年江门市建设新会陈皮研究中心，通过研发新工艺，开发新会陈皮精深加工产品，丰富新会陈皮产品链，持续提升产品价值，推动新会陈皮地理标志产业深入发展。❷

再如，河南省洛阳市牡丹被核准注册地理标志证明商标。近年来，在重视牡丹种植的同时，洛阳市更加注重了产业的科技研发和产品的深加工开发，改变了原来洛阳牡丹产业曾偏重于单一赏花经济、产业链发育不全、产业一直长不大的被动局面，现在发展成为当今中国牡丹主要的种植、科研、生产、繁育、销售基地。❸洛阳牡丹从入食、入茶、入酒，到延伸开发出保健品、化妆品，再到牡丹瓷、牡丹画、牡丹真花等文创艺术品，已培育成为洛阳市顶梁柱的大产业。洛阳牡丹产业已向综合性、全链条、高效化的高质量发展目标迈进。❹

---

❶ 赵俊翔. 花舞平阴醉游人［N］. 中国知识产权报，2022-03-30（4）.

❷ 冯飞，雍凯雯. "新会陈皮"为何能融资6亿元［N］. 中国知识产权报，2021-12-22（4）.

❸ 戚帅华. 产业培育是重中之重［N］. 经济日报，2022-05-23（12）.

❹ 夏先清，杨子佩. 洛阳牡丹开出产业之花［N］. 经济日报，2022-05-23（12）.

三、健全各层级履行监督职能的监管体系

要想保障地理标志产业健康成长、永续发展，不仅要实现自我革命，做到主动监督；还要落实各层级监督把关责任，建立监管体系和监管机制，始终保障地理标志产品质量，维护地理标志产品声誉，保护地理标志商标品牌不受侵犯，推动地理标志产业不断发展壮大。

一是落实生产者自我监督责任，保障各项标准、规定落到实处。地理标志产品、地理标志证明商标各级主管部门都出台了一系列制度规定，各地都制定了相关的标准规范。各生产者（企业、合作社、基地、农户等）要认真学习、全面掌握、严格执行这些规定、规范；要定期开展"回头看"工作，检查标准执行情况、产品质量保障情况、专用标志申领使用情况等，发现问题及时纠正；要交流执行过程中的经验体会，治理执行过程中的弄虚作假行为；要主动接受相关单位、部门的监督管理，实现相互监督、共同执行，齐心协力维护品牌声誉。

二是落实申领单位监督责任，监督各生产者认真执行各项规定、规范。地理标志保护产品、地理标志证明商标都由当地政府指定单位或组织（协会、商会、学会等）向国家知识产权局申请办理，由国家局颁发资质证书，并履行行业管理监督职责。申领单位要加强自身建设，引进专业人员，增加专业设施，建立相关制度、机制，具备监督管理的能力。申领单位还要定期或不定期检查各生产者执行制度、规定、

标准的情况，要表扬执行好的生产者，通报执行差的生产者，督促各项规定、规范落实到位。要贯彻全面质量管理标准体系，增强生产者质量意识和全流程质量把控能力；要监督地理标志产品的质量，必要时可以安排监督抽检，切实掌握地理标志产品质量情况；对不能保障产品质量的生产者，要落实制裁措施，限制地理标志专用标志使用，从而保障地理标志产品质量稳定、可靠。要监督地理标志专用标志使用情况，做到不申请不能使用、不在区域范围生产不能使用、未达到要求不能使用、不再具备条件不能使用等，维护专用标志的权威和信誉。

三是落实职能部门监管职责，严厉打击各种违法行为。真正发挥监督管理作用，关键要靠监管职能部门。

首先，监管职能部门要监督推动生产者、申领单位履行监管职责，开展监管工作；要检查生产者执行规定、规范的情况，保障产品质量情况，使用专用标志情况等；要形成监管合力，严厉打击违法违规行为，推动各项规定、规范落地实施。

其次，要制订地理标志产品监督抽检计划，认真开展地理标志产品抽检工作，切实掌握地理标志产品质量状况，从中发现问题、当好参谋，通报情况、明确措施，执法推动、解决问题，形成震慑，保障地理标志产品质量稳定、可靠。

最后，要建立地理标志违法违规举报、投诉奖励制度，鼓励全社会关注地理标志市场秩序；要开展市场检查，查处假冒伪劣地理标志产品，查处违规使用地理标志证明商标或地理标志专用标志的违法行为；要加大打击力度，严惩违规、违法行为，从而创造奖优罚劣、公平竞争的市场环境。

例如，2015 年，江苏省某县市场监督管理局根据举报，对扬州某公司的茶叶店进行检查。经查，当事人分 6 次以其分公司名义加工生产了 13 种不同规格品种的龙井茶 119 盒（袋）。当事人在茶叶的外包装盒（袋）上突出标注"龙井茶"商标的行为侵犯了商标注册人的"龙井茶"证明商标专用权，被市场监督管理局依法责令立即停止侵权、没收侵权商品，并处罚款。❶

四、做大"政府搭台、产业唱戏"的服务体系

好的产业更需要强大的服务体系来支撑，要做大做强地理标志产业，就要围绕产业发展建设服务支撑体系。

一是做好地理标志保护产品或地理标志证明商标宣传工作。要宣传当地自然、环境、生态优势；要宣传地理标志产品或地理标志证明商标获批的重大意义、产生的巨大作用及有关的规定、要求等；要宣传当地出台的支持政策和产业发展规划；要宣传地理标志产业发展的重大节点事件；要推出带动产业发展的典型好做法；要宣传阶段性取得的成绩和进步，从而提高认识、鼓舞士气、激发热情，形成大力发展地理标志产业的浓厚氛围和强大声势，推动社会扎扎实实、攻坚克难、开拓创新抓好地理标志产业发展工作。

---

❶ 陆德彪，周竹定，郝国双. 地理标志证明商标使用管理的实践与探索——以龙井茶为例［J］. 中国茶业，2019，41（2）：56-60.

例如，浙江龙井茶是一个传统品牌，无人不晓。相对而言，地理标志证明商标是一个"新"事物、一条"新"规则。为此，浙江把宣传推介龙井茶证明商标列入龙井茶证明商标使用管理工作的重要内容，积极借助互联网、报刊、电视、广播等媒体及茶事节庆活动等时机，广泛宣传龙井茶证明商标的法律地位、产区范围，帮助消费者正确识别真假龙井茶，让社会各界共同加入保护和维护龙井茶声誉的行列中来，为证明商标的使用营造良好的氛围。在 2010 年 2 月和 11 月，以"龙井茶证明商标全面启动"和"龙井茶证明商标专项检查"为契机，先后 2 次通过新华社向全国近 200 家主流媒体（报刊、电视、广播等）发布新闻报道，并被广泛转载。与中国农业科学院茶叶研究所、中国茶叶学会共同连续举办 6 届龙井茶品质评鉴研修班，都达到良好的效果。❶

二是举办展会、节会、文旅会和线上活动等，搭建产销对接平台。

例如，四川 2021 年 9 月举行"2021·天府知识产权峰会"，包括四川省在内的西部十二省（自治区、直辖市）共同签署了《西部地理标志产业发展战略合作协议》，建立起联促联动协调机制，并开办中国（西部）地理标志网上博览会。四川省知识产权服务促进中心将"四川省地理标志品牌地图"数字内容融入"智游天府"网络大数据，推动地理标志精品馆进驻四川各大景区。四川省知识产权服务促进中心

---

❶ 陆德彪，周竹定，郝国双. 地理标志证明商标使用管理的实践与探讨——以龙井茶为例［J］. 中国茶业，2019，41（2）：56-60.

还会同四川地标荟文化传播有限公司共同推进地理标志产品线上销售，已有超过 400 家地理标志专用标志使用企业开通线上销售渠道，上线相关产品近 3000 个。❶ 河北柏乡县为了宣传推介地理标志证明商标产品"汉牡丹"，已连续举办 9 届中国汉牡丹文化节；举办大型演出、书画摄影、商贸洽谈、民俗表演等各类活动 60 多项；2021 年以来，有序推进"牡丹超级 IP 项目"，丰富牡丹产业业态。❷ 近年来，甘肃礼县将电商直播作为助力地理标志保护产品"礼县苹果"产业发展的新引擎。目前，全县共组建以销售礼县苹果为主的电商团队 42 个，发展应用电商企业（合作社）63 家，发展各类网店 1996 家。2018 年线上销售苹果收入 1.15 亿元，2019 年收入 1.93 亿元，2020 年达 2.35 亿元，展现了强大的销售推动力。❸

一系列活动的成功举办，极大地促进了地理标志产业的快速发展和效益的提升。例如，山东胶州地理标志保护产品"胶东大白菜"，现在一棵能卖到 35 元，生产规模从 3000 亩左右发展到如今 6 万亩，成为胶州第一大特色产业。❹ 江苏邳州地理标志保护产品"邳州大蒜"，近年来实现快速发展，目前拥有保鲜蒜、脱水蒜片、黑大蒜、大蒜油、大蒜胶囊等 20 多种产品；有大蒜商贸和加工企业 300 余家；建有大蒜恒温库 350 余座，年储藏能力 50 余万吨，年销售收入可达 50

❶ 李杨芳. 解锁"川味"地标背后的风味密码［N］. 中国知识产权报，2021-11-10（4）.

❷ 苏悦. "富贵花"铺"富贵路"［N］. 中国知识产权报，2022-03-30（4）.

❸ 党海文. 秦皇故里飘果香［N］. 中国知识产权报，2021-11-10（4）.

❹ 刘阳子. 理标志 展现兴农"丰"景［N］. 中国知识产权报，2022-04-15（7）.

亿元；常年自营出口量达 35 万吨，出口额 3 亿美元，产品占中东大蒜市场的 70%、东南亚市场的 40%、全国大蒜出口量的 30% 以及江苏省大蒜出口量的 90% 以上。目前，邳州大蒜行业从业者近 20 万人，大蒜经纪人近万人，蒜农亩产收益平均达 8000 元至 1 万元。农民转化为产业工人，年工资性收入平均增加约 3 万元等。❶

三是加强人才队伍建设，筑牢地理标志产业发展根基。事业成败，关键在人。要保障地理标志产业长青不衰，就要集聚地理标志产业各链条、各环节多方面优秀人才。

首先，要加强从业人员培训，使其掌握地理标志品牌方面政策、规定、制度、规范等，提高从业人员政策水平；要了解地理标志产品性能、特点、功用等，以及和当地自然或人文环境的关系，增强自豪感、珍惜感和宣传产品的使命感；要掌握地理标志产品种植、养殖、加工、储存、运输、销售各方面专业知识和最新科技知识，具备各方面的专业能力。通过持续不断的培训，不断提升产业人员素质和能力，更好地适应产业发展。

其次，要围绕地理标志产业发展出台招才引智政策，吸引人才、引进人才、留住人才，做到人尽其才、才尽其能、能尽其用，最大限度发挥人才作用，积淀产业人才实力。

最后，要和地理标志产品相关联的高等院校、科研院所建立联系，使其帮助解决产业发展过程中遇到的困难和问题。

此外，还要对各方面做出成绩、产出成果的专业人才给

---

❶ 董敏. 蒜瓣"生花"，价值绽放［N］. 中国知识产权报，2021-11-03（4）.

予表彰奖励，从而形成选拔人才、培育人才的机制，让大量人才脱颖而出，支撑产业持续发展。

支持体系、产业体系、监督体系、服务体系四大体系的建立和完善，将保障地理标志产业健康发展，推动地理标志产业不断做大做强，从而为强农富农、乡村振兴战略实施发挥地理标志品牌作用。

知识产权质押融资策略

知识产权是无形资产，因其评估难、变现难、风控难等现实问题，导致知识产权进行质押融资过程中，金融机构接受意愿不强烈，工作开展难度较大。怎样推动这项工作是各地都在探讨的问题。在实际工作中，通过"六条线工作法"工作策略，逐渐打开知识产权质押融资工作局面。

一、紧紧抓住银行等金融机构这条主线不放松

知识产权质押融资的根本是银行同意放贷，所以怎样调动银行、担保、保险等金融机构开展知识产权质押融资工作的积极性，始终是工作开展的关键。总结质押融资成效，推广好的经验做法、宣传典型案例，调动各金融机构开展知识产权质押融资的积极性。推动当地金融监管部门把知识产权质押融资纳入考核内容，给各商业银行明确知识产权质押融资任务指标等。通过多途径、多措施调动金融机构开展知识产权质押融资工作积极性。

二、紧紧抓住推荐优秀企业这条主线为基础

要摸清企业的研发情况、专利技术先进性情况、专利技

术和企业生产经营匹配情况、融资需求情况、偿还能力情况等，建立融资需求企业数据库，定期向金融机构推送优质企业客户；也可以根据银行需求，推送专门企业数据库。这既是给企业背书，也能提高银企对接精准度，还能为开展质押融资工作打下坚实基础。

三、紧紧抓住争取政府政策支持这条主线为前提

政府应出台支持政策，把贷款风险降到银行可承担的程度，推动知识产权质押融资工作的开展。

例如，山东省政府出台知识产权质押融资政策："按照贷款当年中国人民银行同期贷款基准利率的 60% 给予贴息支持，一个年度贴息最高不超过 50 万元；企业因贷款而产生的专利评估、价值分析费，按确认发生额 50% 予以补助，对同一家企业年补助最高不超过 5 万元；对合作银行面向中小微企业发放的知识产权质押贷款形成的呆账，风险补偿基金按照实际贷款损失本金 40% 比例给予合作银行补偿；对企业购买专利质押保险的给予 60% 的保费补贴。"❶

在山东省政府出台上述政策之后，山东省各地市、县区也都相应出台了有关的支持政策。例如，东营市政府出台了《关于发挥政府性融资担保机构作用促进全市经济发展的意见》，其中专列一项为专利贷款担保，由知识产权管理部门

---

❶ 鲁政办字〔2019〕115 号《山东省人民政府办公厅关于实施"春笋行动"大力培育具有自主知识产权企业的通知》、鲁市监发〔2021〕9 号《山东省中小微企业知识产权质押融资贴息申报指南》等。

负责组织实施，担保金额最高为 500 万元。这些政策的出台，降低了知识产权质押融资风险，减轻了质押融资的各方压力，调动了各方面开展知识产权质押融资积极性、主动性。

四、紧紧抓住知识产权质押融资产品这条主线为关键

在政府出台优惠政策后，要联合银行、保险、担保、中介等单位规划更多的知识产权质押融资产品，来满足不同企业、不同情况的贷款需求，最大限度发挥好政府支持政策的作用。知识产权质押融资可以是政银贷、政担贷、政保贷、政银担贷、政银保贷、政担保贷等；既可以是纯知识产权质押贷款，也可以是附带部分抵押物的混合贷款等。

五、紧紧抓住质押融资重点企业这条主线求突破

知识产权质押融资的重点服务对象为科技型轻资产中小微企业和专利数量较多的中型创新型企业。这两类企业虽然重视创新，但实物资产少，迫切需要知识产权质押融资给予支持。紧紧抓住这两个重点不放，首先，要做到全覆盖，全面进行走访宣传，宣传知识产权质押融资各级政府、各相关部门出台的优惠政策，质押融资开展的大好形势，办理质押融资的要求、程序等，调动企业开展质押融资的积极性。其次，要了解企业生产经营情况、管理情况、创新能力情况、质押融资需求紧迫

情况等，为向金融部门推荐企业奠定扎实的基础。最后，对获得知识产权质押融资贷款的企业，要跟踪了解质押融资贷款的使用情况，发挥作用情况，见到成效的情况，从中选树出典型，形成典型案例，在社会中推广，从而示范带动中小微企业创新发展，快速成长，取得明显的经济、社会效益。

六、紧紧抓住银企对接这条主线为载体

为了给质押融资工作创造良好的沟通环境，每年都要举办银企对接交流会，由人民银行、银保监部门介绍国家或行业有关政策规定，安排部署知识产权质押融资工作；由知识产权管理部门通报整体发展形势、讲解支持政策、推出典型经验、提出相关要求；由各商业银行、担保公司、保险公司介绍工作开展情况、取得工作成效、遇到困难问题、下步措施打算等；由典型企业介绍质押融资工作给企业带来的变化、取得的效果、下一步需求等。通过上述会议，有助于实现信息大交流，了解其他单位困难、要求、打算等；有助于实现政策大汇聚，了解政府及各部门各方面政策；有助于实现经验大分享，学到好的做法和经验；有助于实现工作大展示，既看到成绩也看到差距等。

通过以上"六条线工作法"，通过有关工作策略，既突出工作重点、又创造工作条件、还营造工作环境，帮助解决问题、展现真诚服务，最大限度调动各方知识产权质押融资工作的积极性、主动性，从而促进知识产权质押融资工作深入开展，不断实现新的飞跃。

多种类型知识产权组合应用
培育世界一流企业策略

  《知识产权强国建设纲要（2021—2035年）》要求："引导市场主体发挥专利、商标、版权等多种类型知识产权组合效应，培育一批知识产权竞争力强的世界一流企业。"2022年2月28日，中央全面深化改革委员会第二十四次会议审议通过了《关于加快建设世界一流企业的指导意见》，要求加快建设一批产品卓越、品质卓著、创新领先、治理现代的世界一流企业，在全面建设社会主义现代化国家、实现第二个百年奋斗目标进程中实现更大发展、发挥更大作用。

  可以看出，建设世界一流企业，需要运用多种类型知识产权进行保护，从而提升企业全面的、综合的竞争力；需要做强多种类型知识产权工作，以强大的知识产权作为建设世界一流企业的基础和前提。所以对多种类型知识产权组合运用培育世界一流企业要上升到战略高度，运用战略思维研究这项工作、抓好这项工作。笔者认为应重点抓好以下四个方面的策略。

一、多种类型知识产权应用，加强创新成果保护

  随着创新型国家建设的深入推进，创新型企业越来越多，企业的科研创新成果也大量涌现。保护创新成果的唯一方法

是知识产权，尤其是转化为多种类型知识产权综合进行保护，效果更为理想。例如，某企业开发了一款具有深度学习功能的人脸识别软件，为科学保护该软件产品，该企业针对该软件的交互方法申请了发明专利，针对该软件的图形用户界面（GUI）申请了外观设计专利，针对该软件有关算法采取商业秘密措施，针对该软件的推广名称注册了商标，针对该软件的源代码进行了软件著作权登记。为保护该软件产品，同时运用发明专利、外观设计专利、商业秘密、商标、著作权等多种类型知识产权协同保护。❶

企业商标还可以申请外观设计专利进行协同保护；申请马德里国际商标注册，在国际上进行保护；申请集体商标对产业集体进行保护；地理标志产品既可以申请地理标志证明商标进行保护，也可以申请地理标志保护产品进行保护等。商业方法可以申请专利进行保护。

有些标志还可以申请特殊标志进行保护，如奥林匹克标志、北京奥运会标志、北京冬奥会标志等。例如，我国政府从奥林匹克标志、专利、商标、著作权等方面对北京 2022 年冬奥会、冬残奥会实施全方位、立体化的知识产权保护，先后就"北京 2022"、会徽和吉祥物的形象及中英文名称等，在中国累计获全品类注册商标 450 件、外观设计专利 14 件，登记著作权 4 件，公告奥林匹克和残奥会标志 71 件，登记特殊标志 28 件。❷ 这让冬奥设计作品有了知识产权保护罩，鼓

---

❶ 赵礼杰，《高价值专利布局》课件。
❷ 李富莹. 北京冬奥留下宝贵知识产权遗产［N］. 中国知识产权报，2022-04-27（4）.

励了冬奥会相关设计者的创新积极性，也促进了奥林匹克文化和精神的传播与推广。❶

二、做强各种类型知识产权工作，提升企业综合竞争力

从综合运用各种类型知识产权进行保护，到做强各种类型知识产权工作，企业有一个认识、提升的过程，这也是企业逐渐做强、做大的过程。

首先，企业要做强专利工作。科学技术是第一生产力，科学技术是综合国力，科研成果只有转化为专利才能变成企业的重要竞争力。企业在做大专利数量的同时，还要做优专利质量，从而创造出更多为企业带来效益的高价值专利。企业要具备专利技术的运用能力，拿起专利武器，打击竞争对手，实现"跑马圈地"，不断提升企业竞争实力。企业还要把自己的专利技术写入主要标准，成为标准必要专利，提升企业在行业的话语权。企业要具备专利技术运营能力，最大程度实现专利技术价值，为企业开拓新的盈利渠道。

其次，企业要做强商标工作。有生产经营活动，就要有商标。所以企业要根据规模和产品种类注册一定数量的商标，并进行广泛宣传和使用，逐渐扩大企业和商标影响力。企业要通过品质、品位、品行"三品"建设，让商标上升为商标品牌（前文有详细论述）带动企业品牌建设。随着企业商标

---

❶ 李倩. 中国设计添彩冬奥［N］. 中国知识产权报，2022-02-18（1）.

品牌价值提升，可能出现傍名牌、蹭热度的现象，这时企业要检测市场商标侵权行为，严厉打击商标侵权违法；企业还要做好国内、国际商标布局，避免侵权行为发生，维护商标商誉，保护企业利益。

再次，企业要做强版权工作。随着数字产业化、产业数字化、数字经济快速发展，大数据、云计算、物联网、人工智能等新技术广泛应用，企业大量进行数字化、智能化改造升级，这时企业将开发使用大量新的数字技术，要用版权等多类型知识产权进行保护。企业还可以扩充新的数字技术功能，建设电商平台、工业互联网平台，增加平台经济发展渠道。企业创造的多类型、多形态、多颜色包装物设计需要登记版权或申请外观设计专利、商标注册来进行保护。另外，企业在发展过程中积淀的标志性图形、影视作品、文字作品等都需要通过版权登记进行保护。

复次，企业要做强商业秘密工作。前面已有介绍，在此不再赘述。

最后，企业要做强商业方法知识产权工作。商业方法也可申请专利，受到法律保护。这是近几年来，我国新增加的知识产权保护的范围。方法正确、事半功倍，方法错误、事倍功半。商业方法创新，让企业嫁接先进技术创造出更适应现代社会发展的经营管理方法，进而让企业拥有超常的竞争力。所以企业要运用专利保护武器，保护好商业方法创新成果。

三、加强知识产权人才队伍建设，为多种类型知识产权组合运用提供人才支撑

大政方针决定以后，关键就是人的问题。实现多种类型知识产权组合应用，关键要有专业的多类型知识产权人才。企业要有专利挖掘、布局、申请、审查答复把关人才；要有商标注册、审查答复专业人员；要有版权登记专业人员，抓好知识产权创造。企业要有大数据分析人才，为研究竞争对手、了解现有技术、开展兼并重组、引进项目人才、明确前进方向、处理纠纷诉讼等提供有力支撑。企业要有知识产权法律人才，以应对各类知识产权诉讼案件，打击侵犯企业知识产权违法行为。企业要有知识产权运营人才，多方式、多种类运营知识产权无形资产，从而实现知识产权保值增值。企业要有知识产权国际人才，做好知识产权国际布局，处理企业知识产权国际争端，不断提升企业国际竞争力、国际影响力。企业要有各类型知识产权管理人才，全流程管理好各类型知识产权产品。例如，华为公司 2005 年知识产权团队从 20 多人扩大到 100 多人，到 2018 年年底，已发展到 370 多人，是国内知识产权团队规模最大的企业。❶再如，德国西门子公司在全球设有 12 个知识产权管理部，知识产权管理人员达 400 多名，管理着公司各类知识产权产品。❷

---

❶ 裴宏，李思靓. 永远探索未知的天空——访华为技术有限公司知识产权部副部长成绪新[N]. 中国知识产权报，2019-01-23（5）.

❷ 吴汉东. 科学发展与知识产权战略实施[M]. 北京：北京大学出版社，2012：101.

可以看出，知识产权人才队伍建设的优劣，决定着多种类型知识产权组合运用效果的好坏，也是决定建设世界一流企业的重要内容和关键基础。

四、大力实施知识产权强企策略，培育建设世界一流企业

建设世界一流企业，就要大力实施知识产权强企策略，以支撑建设世界一流企业目标实现。

要大力实施"专利强企"策略，筑牢企业在国际上的竞争优势。在形成"研发创新—专利保护—实施获利—研发创新"良性循环创新生态机制下，依靠专利保护，企业自主研发能力将逐渐强大，逐渐拥有行业或某一方面核心技术和实力，成为在国际有地盘、有影响力的知名企业；最终推动企业成为创新型企业、研发型企业，掌控行业先进技术，占据行业高端位置，拥有行业强势地位，从而奠定企业在国际上的竞争优势。

要大力实施"商标品牌"策略，形成企业在国际上的市场优势。在选定单品牌培育策略或者多品牌培育策略的前提下，企业通过精益求精的运营管理，逐渐形成品质卓著、服务超值、形象美好的优良信誉，不断提升企业在国内、国际上的美誉度、认可度、忠诚度，让企业成为知名企业，让商标成为品牌商标，让产品产生溢价效应，从而奠定企业在国际上的市场优势。

　　要大力实施"版权生态"策略，构建企业在国际上的生态优势。随着数字化、智能化企业转型升级，企业要运用版权等多类型知识产权保护好企业新开发的大量数字技术、数字产品。要充分发挥数字技术、数字产品的作用，搭建企业自己的运营生态平台。例如，青岛海尔开发了"卡奥斯"工业互联网平台系统，谷歌开发建立了安卓系统，华为开发建立了鸿蒙系统。通过这些系统的建立实施，形成企业自己产品运营的生态系统，规避外在因素的掣肘，从而奠定企业在国际上的生态优势。

加强知识产权组织
建设应用策略

当今，我国大力实施知识产权强国战略，建设知识产权世界强国，但知识产权行政管理存在不少问题，造成科技创新能力不够、跟不上创新型社会的步伐。作为基层知识产权行政管理人员要清楚肩负的重大使命，攻坚克难、开拓创新；要分清各级职责、做好各级工作，争取更大成绩、从而强化各级组织机构建设，为知识产权强国战略实施提供组织保障。

科学技术与知识产权十大关系

科学技术和知识产权既相互联系，又相互区别。如今大力实施创新驱动发展战略、知识产权强国战略，把科技自立自强作为国家发展战略支撑。在这样的大形势下，厘清两者的关系、衔接好两方面的工作，对建设创新型国家、建设知识产权强国意义重大。经实践和研究分析，笔者总结两者十大关系，做如下简述。

一、两者的研究对象是从属关系

科学技术包含科学研究和技术开发，科学研究包含基础研究和应用研究，所以科学技术的研究对象是基础研究、应用研究和技术开发。科学技术化、技术科学化、科学技术发展越来越呈现一体化趋势。

知识产权的研究对象是智力成果保护。科学技术是智力成果，是知识产权研究的一部分，另外知识产权的研究对象还包括文学艺术作品、商标品牌、遗传资源、传统文化、民间艺术等。

二、两者的研究重点不同

科学技术研究的重点是推动科技研发创新，是面向世界科技前沿、面向经济主战场、面向国家重大需求、面向人民生命健康，加快科学研究和技术开发的力度，尽快提升科技研发实力和水平，创造出更多的科技研发成果。

知识产权研究的重点是怎样保护管理这些科技研发的创新成果，通过把这些科技研发、创新成果转化为专利权、商标、版权、植物新品种权等知识产权，明确权利人，授予其一定时期的排他性垄断权利，从而获得一定时期垄断利益。

三、两者的工作内容不同

科学技术是通过建设国家科研院所、实验室等，培育、支持、发展科学研究；通过认定高新技术开发区、高新技术园区、高新技术企业、研发中心，建设"双创"空间、孵化基地，支持科研机构建设、发展，管理科研人才、科研成果转化实施等措施，来推动全社会科学技术创新能力提升。

知识产权是通过推动专利权、商标权、版权、植物新品种权、地理标志产品、集成电路布图等知识产权的创造、保护、管理、运营、服务等工作，保护这些智力创新成果，发挥创新成果作用，使权利人获取丰厚的利益，推动创造更多的智力创新成果。

四、两者的工作定位不同

若把创新链分成智力创新、智力成果保护、智力成果实施运用三个部分的话，科学技术工作的定位重点在科技创新和成果转化。知识产权工作的定位重点在智力成果保护和智力成果实施运用。应该说，科学技术和知识产权都是工作在创新链这同一个链条上，只是工作的定位不同、承担的职能不同、发挥的作用不同。

五、两者的工作措施不同

科学技术工作多采用行政手段，如批准建设科研院所、认定高新技术开发区、认定高新技术企业等；多采用财政支持政策措施，如资助支持实验室建设、资助支持技术中心建设、资助支持科技贷款等；多采用精神和物质激励措施，如评选院士、杰出人才、长江学者等，再如评选自然科学奖、科学技术进步奖、技术发明奖等。

知识产权由《专利法》《商标法》《著作权法》《植物新品种保护条例》等法律保护，主要是运用法律工具、采用法律手段，来开展知识产权保护、管理、运营、服务等各方面工作。

六、两项工作的制度建设不同

科技制度是国家制度，各个国家设置不统一。有的国家科技很发达，却没有专门的科技部门，如美国、英国都没有科技部门。我国科技制度体系是在中华人民共和国成立后建立的，已有 70 多年的历史。我国科技制度体系最初是建立在公有制为主体的经济制度基础之上的，是带有公有制色彩的制度体系。

知识产权制度是国际通行的制度，已近 400 年的历史。世界知识产权组织是联合国组织系统中 16 个专门机构之一，有成员国 193 个。知识产权制度体系是私有制制度体系，把智力成果产权授予创造者，归创造者所有、支配。我国知识产权法律体系于 20 世纪 80 年代建立（我国《商标法》于1982 年 8 月通过），有 40 年的历史，较科技制度体系建立晚30 余年。

七、两者产品性质不同

科学技术产品也就是科技研发成果，在社会主义市场经济体制建立之前，是公有产品，推广使用不需要支付费用。如科学家屠呦呦研发的青蒿素，无偿贡献给世界使用。现在　，科技研发成果，离开知识产权制度则没有办法保护，导致交易困难。

知识产权如专利权、商标权、版权、植物新品种权等都是私权，都受法律保护。若使用知识产权产品，都要商谈并缴纳使用费用，否则有可能受到制裁，如美国利用知识产权制度可以实施长臂管辖。

八、 两者发挥的作用不同

科学技术研究是越到国家层面越重要，因为国家是基础研究、重大应用研究的创新主体，并且需要投入大量的人力、物力、财力，这是基层和企业很难承担的。国家需要前瞻谋划、统筹协调、抓实工作、抓出成效。相应地越到基层作用越小，因为基层做不了科学研究，只能做技术开发；技术开发企业是创新主体，知识产权管理更有效。

知识产权国家层面要审批全国的知识产权产品，要参与国际知识产权规则制定，要制定参与国际科技竞争知识产权战略，所以国家层面很重要。同样，知识产权越往下也越重要，因为知识产权产品大部分是由企业、单位、个体工商户、个人等这些基层个体创造，需要把这些智力成果转化成知识产权进行保护，运用知识产权策略提升这些基层个体的核心竞争力，这也是推动创新的基础和治本之策。

九、 两者是相互联系的

科学技术创新成果，最终要用知识产权来检验，如发表多少文章从而形成多少著作权、申请多少专利、形成多少商业秘密、形成多少集成电路布图等。

同样，知识产权的运用实施离不开科学技术的支撑，并且知识产权随着科学技术的进步而迁移。例如，人工智能技术的发展，就带来了人工智能技术创造成果的确权和保护等知识产权问题。

十、 两者目标是一致的

抓科学技术就是抓科学研究和技术开发，就是抓创新。抓知识产权就是抓智力成果的创造、保护、运用、管理、服务等，目的是调动创新创造人员的积极性，从而激励其创造出更多的智力成果。所以，两者的目标是一致的。

通过以上两者关系的表述可以看出，科学技术和知识产权都是推动创新、推动创造更多科技成果、提升国家竞争实力，目标是一致的，所以科学技术和知识产权是国家创新发展的两个轮子，缺一不可。不同的是两者在创新链上的工作位置不同、工作制度不同、工作内容不同、工作手段不同、作用区位不同。要充分发挥市场机制的决定作用，就要更加重视知识产权工作，多运用知识产权市场机制手段，推动国家实现创新发展。

八大指标奠定基层知识
产权行政管理工作地位

为了发挥知识产权对创新的支撑作用，推动当地经济实现创新发展、高质量发展，应结合各级知识产权考核指标体系，基层知识产权行政管理部门要做实以下八项工作，做优八大指标。

一、做实知识产权创造工作，做优高价值发明专利指标

当今世界，科技进步日新月异。创新是一国经济持续发展的核心竞争力，是改变世界竞争格局的关键变量。在建设创新型国家的大形势下，要千方百计推动当地专利、商标、版权、植物新品种等知识产权创造，展现当地的创新实力，实现当地的创新发展。

尤其要抓实高价值发明专利创造工作，做优"每万人高价值发明专利拥有量"指标。因为它是体现创新实力的最核心指标，是和经济建设结合最紧密的指标，是纳入国家"十四五"规划最主要的指标之一。国家知识产权局将高价值发明专利明确为战略性新兴产业发明专利、具有同族专利的国际发明专利、维持十年以上的发明专利、质押融资的发明

专利、获得国家奖项的发明专利。

为此，要摸清当地战略性新兴产业家底，按照建链、延链、强链思路，推动大力发展战略性新兴产业。要联合有关部门，推动合作、引进、建设科技研发机构，加快提升当地创新发展能力；要制定激励政策，鼓励高价值发明专利创造；要开展高价值发明专利培育工作，既解决企业技术难题，又快速产出更多高价值发明专利；要走访重点创新单位、重点创新企业，帮助解决实际问题，推动更多高价值发明专利创造。总之，要通过大量扎实有效的工作，才能做实知识产权创造，做优高价值发明专利目标。

二、做实知识产权金融工作，做优知识产权金融指标

知识产权金融，就是利用知识产权的资产属性，开展知识产权质押融资、知识产权证券化、知识产权信托、知识产权担保、知识产权保险等知识产权资产被金融部门认可、实现资产价值的工作。因知识产权金融能够凭借拥有的专利、商标、著作权等知识产权从银行等金融部门贷到企业所需资金，解决创新型企业轻资产、融资难、融资贵等困难，深受企业、单位、金融部门、各级政府欢迎和支持。再加上知识产权金融是知识产权服务经济建设最直接、最受认可的工作，所以要不遗余力，认真开展好知识产权金融工作。

要争取政府风险化解政策，降低知识产权金融风险；要

走访、了解、分析企业运行情况和知识产权状态情况，向金融部门推荐优质客户；要选树典型经验，向金融部门宣传，调动金融部门开展知识产权金融的积极性；要促使金融部门推出更多知识产权金融产品，以适应不同企业需求等。要通过以上措施，最大限度做大、做优知识产权金融指标。

三、做实知识产权运营工作，做优知识产权运营指标

由于信息不对称、运营体系不健全、运营生态脆弱等原因，我国知识产权转化运用率很低。《2020 年中国专利调查报告》显示，2020 年，我国有效发明专利产业化率为 34.7%，高校发明专利产业化率仅为 3.8%。这个问题越来越引起全社会的关注，各有关方面也在加大探索、试点、推广专利产业化经验力度。

要改变这一现状，就要在全国建设知识产权运营体系，要有机构、有人员从事这方面工作、研究这方面工作；政府要出台支持政策，鼓励知识产权转化实施；要扩大研发人员权益分配占比，激励研发人员关心研发成果转化；要大力开展知识产权交易、许可、入股，从而推动更多知识产权转化实施。

做实这项工作，有助于提高当地知识产权保护意识，提高当地产业科技含量和竞争实力，优化当地产业结构和发展质量，推动当地实现创新发展、高质量发展。

四、做实知识产权保护工作，做优社会满意度指标

"保护"是知识产权制度的最大职责，也是体现一个地方营商环境的重要指标，还是各级知识产权工作考核的重要内容。

要广泛开展知识产权保护培训，努力提高全社会知识产权保护意识和能力；要建立企业"直通车"制度，定期了解创新主体的侵权事项；要为创新主体出谋划策，帮助侵权纠纷企业找到最好的解决方法；要健全知识产权仲裁、调解等保护体系，增加创新主体选择保护措施的途径；要大力发展高水平知识产权律所等服务机构，为知识产权诉讼提供法律支撑；要强化知识产权维权援助工作，支持更多的创新主体拿起法律武器进行维权等。

这项工作开展得如何，最终要看社会满意度指标。所以要扎扎实实做好上述工作，从而做优社会满意度指标。

五、做实公共服务供给工作，做优公共服务满意度指标

因知识产权制度是以公开换保护，知识产权是公开的，所以知识产权大数据也是公开的，是国家极为重要的创新要素大数据资源。知识产权大数据对创新发展的作用越来越引起全社会的重视，为此建设公共服务平台，传递这些大数据资源、加工这些大数据资源、运营这些大数据资源、为基层

配送这些大数据资源，并指导基层娴熟使用这些大数据资源，是政府义不容辞的责任。《知识产权强国建设纲要（2021—2035）》要求"建设便民利民的知识产权公共服务体系"。《"十四五"国家知识产权保护和运用规划》要求"提高知识产权公共服务能力""完善知识产权公共服务体系""提高知识产权公共服务供给水平"。

为贯彻上级部署，要明确机构、落实人员、加大投入，建好、建强知识产权公共服务平台，为高质量供给公共服务提供坚实物质基础。要结合当地产业，加工建立知识产权专题数据库；要向相关单位推送知识产权专题数据库、大数据库；要培训相关单位人员，使其具备大数据分析运用能力；要围绕数据资源，推动知识产权运营交易工作；要通过政府购买服务方式，开展区域创新质量导航分析、产业运营导航分析、企业经营导航分析；要开展重大项目、科技活动知识产权分析评议工作等。

群众满意是最终目标，也是《知识产权强国建设纲要（2021—2035 年）》中"提高知识产权公共服务社会满意度"的目标，是最新提出的指标。只有通过扎扎实实开展上述各项工作，才能做优公共服务社会满意度指标。

六、做实发展知识产权服务业工作，做优服务业产值指标

知识产权服务业是高技术服务业，是国家高度重视、也

是地方政府大力发展的新型服务产业。越重视知识产权越要大力发展知识产权服务业，因为知识产权服务业是行政管理的支撑和补充，而行政力量是有限的，要推动当地创新发展，就要依靠大量知识产权服务机构、人员深入企业、深入单位等，推动全社会的创新，推动知识产权工作。所以大力发展知识产权服务业，是知识产权行政管理部门必须牢牢抓紧的一项工作。

要开展专利代理师考前辅导培训，为当地培养更多具备专利代理师资格的人才，为知识产权服务业发展提供人才支撑；要推动出台支持知识产权服务业发展的政策，形成良好的发展环境；要加大招商引资力度，引进大量品牌服务机构；要建设知识产权服务业聚集区，形成集聚服务效应；要加强对服务行业的监管，推动其规范、持续发展；要加大知识产权工作力度，放大知识产权服务业市场。

总之，要通过做实上述各项工作，推动知识产权服务业不断做大、做强，不断创出更多品牌服务机构，为当地培植起新的服务产业，从而做优知识产权服务业产值指标。

七、做实专利预审工作，做优专利新授权指标

地方申请到国家知识产权局审批的知识产权保护中心，是国家知识产权局对当地工作的认可和重视，是当地政府的期盼和荣光；建设知识产权保护中心，充实一批高学历、高素质年轻专利预审人才，有助于快速壮大部门实力；开展专

利预审，压缩审批时间，企业盼望、社会欢迎，有助于提升部门认可度。

因此，获批知识产权保护中心很重要，建好知识产权保护中心更重要，发挥好知识产权保护中心作用最重要。要了解当地产业发展、指导产业研发，突破核心技术、推动当地产业创新发展；要通过预审、审批专利，不断优化当地专利结构、提升专利质量、规范专利申请，预审、审批更多专利技术；做优、做大专利新授权指标，展现当地创新发展变化和创新实力等。

八、做实服务经济建设工作，做优高质量发展指标

要推出更多的专利技术申报上级奖项，这既是对专利质量的认可，又是对当地创新实力的评价，还能推动专利技术带来更大经济效益；要培育更多优势、示范企业，提升企业创新实力和知识产权运用能力；要推动知识产权密集型产业发展，不断做大创新型产业规模，改善当地产业结构，带动当地经济实现高质量发展。

知识产权是企业经营取得较好经济效益的前提，也就是说，企业要想取得良好的经济效益，就必须做实知识产权工作。因为知识产权能够推动企业创新，保护创新成果，提升企业核心竞争力；知识产权能够推动企业的商标向商标品牌转化，给企业带来信誉、赞誉，给企业带来增益价值；知识产权保护企业数字化创新成果，让企业在提高生产效率、降

低经营成本、提升利润利率方面保持优势；企业还可以搞好知识产权运营，在服务企业生产获得效益的同时，还可以通过许可、转让、合作等方式实现知识产权最大价值。要选树这方面的典型，抓出这方面的典型，总结出典型企业实现高质量发展的成功经验和做法，用身边的典型事例推动当地经济实现高质量发展，做优高质量发展指标。

相信通过做实上面八项工作，做优上面八项指标，有助于凸显知识产权在经济社会发展中的作用和地位，也有助于奠定基层知识产权行政管理部门在社会中的地位和作用。

细化各级职能，不断强化知识产权行政
管理机构建设

2008 年国务院印发《国家知识产权战略纲要》，明确"县级以上人民政府可以设立相应的知识产权管理机构"。但是当下知识产权行政管理在县级仍然没有单独的管理机构，且存在管理规格低、不独立、不统一的现状，这无疑会影响知识产权行政管理机构对繁重管理任务的承担和知识产权各项工作的深入推进。

改变这个现状，一要靠基层呼吁，二要靠国家知识产权局争取，三要靠事件警示。作为知识产权行政管理人员，坚信知识产权行政管理机构一定会走向强大，从而更好地推动国家创新发展，改变我国在世界上的竞争格局，推动经济社会实现高质量发展。

当然，要改变这个现状，不是一蹴而就的事情，需要知识产权管理人员不懈奋斗。为了做强知识产权行政管理机构，笔者就各级知识产权职能划分思考如下。

一、要坚持职能下沉原则

具体工作事项应尽可能下沉。基层机构职能繁重，应加强基层机构建设。例如，原工商行政管理局的最基层机构延伸到乡镇，人员队伍庞大，在和食品药品监管、质量技术监督等部门合并过程中，展现了很强的优势。与此相反，知识产权管理系统执行的《专利代理条例》《专利代理管理办法》都把对专利代理机构的执法管理权赋予省级知识产权行政管理机构，而实践证明省级机构很少开展这项工作，大都是委托地市机构，有的还和县区机构一起开展执法工作。像这样，应该地市机构承担的工作，却没有赋予地市机构这方面的职权，不利于基层机构的建设和加强，不利于整个系统机构的健全和完善。

二、要坚持层级和职能匹配原则

一级有一级的权限，一级有一级的责任，一级有一级的任务，要做到层级和职能相匹配，才能最大限度发挥系统整体合力，发挥系统最大作用。

国家知识产权局的工作重点应是：负责法律法规、政策措施起草发布；制定规划、计划，侧重宏观管理；发挥联席会议职能，强化综合协调部门作用；负责国际合作，扩大国际影响；负责专利、商标、地理标志、集成电路布图设计审核批准；负责考核监督等工作。

省级知识产权行政管理部门的工作重点应是：贯彻国家法律法规、政策措施，制定本省贯彻意见；发挥联席会议作用，行使综合管理职能；领导全省系统工作，负责除国家知识产权局承担以外的其他审批事项，负责争创国家知识产权局试点、示范工作；建设一系列工作体系，完成国家一系列工程建设；抓好权属分配工作；抓好考核奖惩工作。

市级知识产权行政管理部门的工作重点应是：负责专利侵权、专利行政调解和对服务机构的执法查处工作；发挥联席会议作用，形成保护合力，提升满意度，营造良好的营商环境；要扛起各级知识产权考核指标的应考工作；要争创各类试点、示范、试验区等工作；要发展知识产权密集型产业；要做好高价值专利培育、商标品牌培育工作；要做好知识产权运营等工作。

县级知识产权行政管理部门的工作重点应是：负责知识产权假冒伪劣产品查处；负责商标侵权执法和行政调解工作；负责地理标志产品申报和保护工作；负责中小企业知识产权战略推进工程等工程实施；负责强县区争创工作；负责宣传培训等工作。

乡镇商标品牌指导站的工作重点应是：宣传知识产权知识；指导商标申请工作；强化商标品牌培育和运用，推动打造产业集群品牌和区域品牌；了解知识产权侵权信息，协调、参谋、帮助解决问题等。

三、要坚持职责法定原则

只有我们先厘清、先细化、先明确各级知识产权行政管理机构职权，展现各级繁重的行政管理任务，才有可能被国家法律法规进行认可、固定，才有助于加强我们系统的行政管理机构。

主要参考文献

［1］贺化．中国知识产权行政管理理论与实践［M］．北京：知识产权出版社，2018．

［2］吴汉东．科学发展观与知识产权战略实施［M］．北京：北京大学出版社，2012．

［3］张勇．专利预警从管控风险到决胜创新［M］．北京：知识产权出版社，2015．

［4］白光清，于立彪，马秋娟．医药高价值专利培育实务［M］．北京：知识产权出版社，2017．

［5］马天旗．专利商战启示录［M］．北京：知识产权出版社，2020．

［6］广东省知识产权研究与发展中心，深圳市智汇远见知识产权管理有限公司．企业海外知识产权风险应对管理指引［M］．北京：知识产权出版社，2015．

［7］孙力科．任正非传［M］．杭州：浙江人民出版社，2017．

［8］黄继伟．华为管理法［M］．北京：中国友谊出版公司，2017．

［9］李海燕，张国栋，赵洪杰，等．潍柴动力，何以奔腾不息?［N］．大众日报，2019-07-09（1）．

［10］周胜生，高可，饶刚，等．专利运营之道［M］．北京：知识产权出版社，2016．

［11］邹琳．英国专利制度发展史研究［D］．长沙：湘潭大学，2011．

［12］蒋芝芸．地方政府提供专利公共服务研究［D］．上海：复旦大学，2014．